牟子理惑论

中国佛学经典宝藏

99

梁庆寅 释译
星云大师总监修

人民东方出版传媒
东方出版社

图书在版编目（CIP）数据

牟子理惑论 / 梁庆寅 释译. —北京：东方出版社，2020.3
（中国佛学经典宝藏）
ISBN 978-7-5060-8637-0

Ⅰ.①牟⋯　Ⅱ.①梁⋯　Ⅲ.①佛教哲学　Ⅳ.① B94

中国版本图书馆 CIP 数据核字（2015）第 289559 号

本书中文简体字版权由上海大觉文化传播有限公司独家授权出版
中文简体字版专有权属东方出版社

牟子理惑论
（MOUZI LIHUO LUN）

释　译　者：梁庆寅
责任编辑：王梦楠　杨　灿
出　　版：东方出版社
发　　行：人民东方出版传媒有限公司
地　　址：北京市朝阳区西坝河北里 51 号
邮　　编：100028
印　　刷：北京市大兴县新魏印刷厂
版　　次：2020 年 3 月第 1 版
印　　次：2020 年 3 月第 1 次印刷
开　　本：880 毫米 ×1230 毫米　1/32
印　　张：8.625
字　　数：126 千字
书　　号：ISBN 978-7-5060-8637-0
定　　价：55.00 元
发行电话：（010）85924663　85924644　85924641

版权所有，违者必究
如有印装质量问题，我社负责调换，请拨打电话：（010）85924602　85924603

《中国佛学经典宝藏》
大陆简体字版编审委员会

主任委员：赖永海

委　　员：（以姓氏笔画为序）

　　　　　王月清　王邦维　王志远　王雷泉

　　　　　业露华　许剑秋　吴根友　陈永革

　　　　　徐小跃　龚　隽　彭明哲　葛兆光

　　　　　董　群　程恭让　鲁彼德　温金玉

　　　　　潘少平　潘桂明　魏道儒

总序

星云

自读首楞严,从此不尝人间糟糠味;
认识华严经,方知已是佛法富贵人。

诚然,佛教三藏十二部经有如暗夜之灯炬、苦海之宝筏,为人生带来光明与幸福,古德这首诗偈可说一语道尽行者阅藏慕道、顶戴感恩的心情!可惜佛教经典因为卷帙浩瀚、古文艰涩,常使忙碌的现代人有义理远隔、望而生畏之憾,因此多少年来,我一直想编纂一套白话佛典,以使法雨均沾,普利十方。

一九九一年,这个心愿总算有了眉目。是年,佛光山在中国大陆广州市召开"白话佛经编纂会议",将该套丛书定名为《中国佛教经典宝藏》①。后来几经集思广

---

① 编者注:《中国佛教经典宝藏》丛书,大陆出版时改为《中国佛学经典宝藏》丛书。

益,大家决定其所呈现的风格应该具备下列四项要点:

一、启发思想:全套《中国佛教经典宝藏》共计百余册,依大乘、小乘、禅、净、密等性质编号排序,所选经典均具三点特色:

1. 历史意义的深远性
2. 中国文化的影响性
3. 人间佛教的理念性

二、通顺易懂:每册书均设有原典、注释、译文等单元,其中文句铺排力求流畅通顺,遣词用字力求深入浅出,期使读者能一目了然,契入妙谛。

三、文简意赅:以专章解析每部经的全貌,并且搜罗重要的章句,介绍该经的精神所在,俾使读者对每部经义都能透彻了解,并且免于以偏概全之谬误。

四、雅俗共赏:《中国佛教经典宝藏》虽是白话佛典,但亦兼具通俗文艺与学术价值,以达到雅俗共赏、三根普被的效果,所以每册书均以题解、源流、解说等章节,阐述经文的时代背景、影响价值及在佛教历史和思想演变上的地位角色。

兹值佛光山开山三十周年,诸方贤圣齐来庆祝,历经五载、集二百余人心血结晶的百余册《中国佛教经典宝藏》也于此时隆重推出,可谓意义非凡,论其成就,则有四点可与大家共同分享:

一、佛教史上的开创之举：民国以来的白话佛经翻译虽然很多，但都是法师或居士个人的开示讲稿或零星的研究心得，由于缺乏整体性的计划，读者也不易窥探佛法之堂奥。有鉴于此，《中国佛教经典宝藏》丛书突破窠臼，将古来经律论中之重要著作，做有系统的整理，为佛典翻译史写下新页！

二、杰出学者的集体创作：《中国佛教经典宝藏》丛书结合中国大陆北京、南京各地名校的百位教授、学者通力撰稿，其中博士学位者占百分之八十，其他均拥有硕士学位，在当今出版界各种读物中难得一见。

三、两岸佛学的交流互动：《中国佛教经典宝藏》撰述大部分由大陆饱学能文之教授负责，并搜录台湾教界大德和居士们的论著，借此衔接两岸佛学，使有互动的因缘。编审部分则由台湾和大陆学有专精之学者从事，不仅对中国大陆研究佛学风气具有带动启发之作用，对于台海两岸佛学交流更是帮助良多。

四、白话佛典的精华集萃：《中国佛教经典宝藏》将佛典里具有思想性、启发性、教育性、人间性的章节做重点式的集萃整理，有别于坊间一般"照本翻译"的白话佛典，使读者能充分享受"深入经藏，智慧如海"的法喜。

今《中国佛教经典宝藏》付梓在即，吾欣然为之作序，并借此感谢慈惠、依空等人百忙之中，指导编修；吉广舆等人奔走两岸，穿针引线；以及王志远、赖永海等大陆教授的辛勤撰述；刘国香、陈慧剑等台湾学者的周详审核；满济、永应等"宝藏小组"人员的汇编印行。他们的同心协力，使得这项伟大的事业得以不负众望，功竟圆成！

《中国佛教经典宝藏》虽说是大家精心擘划、全力以赴的巨作，但经义深邈，实难尽备；法海浩瀚，亦恐有遗珠之憾；加以时代之动乱，文化之激荡，学者教授于契合佛心，或有差距之处。凡此失漏必然甚多，星云谨以愚诚，祈求诸方大德不吝指正，是所至祷。

一九九六年五月十六日于佛光山

原版序
敲门处处有人应

慈惠

　　《中国佛教经典宝藏》是佛光山继《佛光大藏经》之后，推展人间佛教的百册丛书，以将传统《大藏经》精华化、白话化、现代化为宗旨，力求佛经宝藏再现今世，以通俗亲切的面貌，温渥现代人的心灵。

　　佛光山开山三十年以来，家师星云上人致力推展人间佛教，不遗余力，各种文化、教育事业蓬勃创办，全世界弘法度化之道场应机兴建，蔚为中国现代佛教之新气象。这一套白话精华大藏经，亦是大师弘教传法的深心悲愿之一。从开始构想、擘划到广州会议落实，无不出自大师高瞻远瞩之眼光，从逐年组稿到编辑出版，幸赖大师无限关注支持，乃有这一套现代白话之大藏经问世。

　　这是一套多层次、多角度、全方位反映传统佛教文化的丛书，取其精华，舍其艰涩，希望既能将《大藏经》

深睿的奥义妙法再现今世，也能为现代人提供学佛求法的方便舟筏。我们祈望《中国佛教经典宝藏》具有四种功用：

一、是传统佛典的精华书

中国佛教典籍汗牛充栋，一套《大藏经》就有九千余卷，穷年皓首都研读不完，无从赈济现代人的枯槁心灵。《宝藏》希望是一滴浓缩的法水，既不失《大藏经》的法味，又能有稍浸即润的方便，所以选择了取精用弘的摘引方式，以舍弃庞杂的枝节。由于执笔学者各有不同的取舍角度，其间难免有所缺失，谨请十方仁者鉴谅。

二、是深入浅出的工具书

现代人离古愈远，愈缺乏解读古籍的能力，往往视《大藏经》为艰涩难懂之天书，明知其中有汪洋浩瀚之生命智慧，亦只能望洋兴叹，欲渡无舟。《宝藏》希望是一艘现代化的舟筏，以通俗浅显的白话文字，提供读者遨游佛法义海的工具。应邀执笔的学者虽然多具佛学素养，但大陆对白话写作之领会角度不同，表达方式与台湾有相当差距，造成编写过程中对深厚佛学素养与流畅白话语言不易兼顾的困扰，两全为难。

三、是学佛入门的指引书

佛教经典有八万四千法门，门门可以深入，门门是无限宽广的证悟途径，可惜缺乏大众化的入门导览，不易寻觅捷径。《宝藏》希望是一支指引方向的路标，协助十方大众深入经藏，从先贤的智慧中汲取养分，成就无上的人生福泽。

四、是解深入密的参考书

佛陀遗教不仅是亚洲人民的精神归依，也是世界众生的心灵宝藏。可惜经文古奥，缺乏现代化传播，一旦庞大经藏沦为学术研究之训诂工具，佛教如何能扎根于民间？如何普济僧俗两众？我们希望《宝藏》是百粒芥子，稍稍显现一些须弥山的法相，使读者由浅入深，略窥三昧法要。各书对经藏之解读诠释角度或有不足，我们开拓白话经藏的心意却是虔诚的，若能引领读者进一步深研三藏教理，则是我们的衷心微愿。

大陆版序一

　　《中国佛教经典宝藏》是一套对主要佛教经典进行精选、注译、经义阐释、源流梳理、学术价值分析，并把它们翻译成现代白话文的大型佛学丛书，成书于二十世纪九十年代，由台湾佛光文化事业有限公司出版，星云大师担任总监修，由大陆的杜继文、方立天以及台湾的星云大师、圣严法师等两岸百余位知名学者、法师共同编撰完成。十几年来，这套丛书在两岸的学术界和佛教界产生了巨大的影响，对研究、弘扬作为中国传统文化重要组成部分的佛教文化，推动两岸的文化学术交流发挥了十分重要的作用。

　　《中国佛学经典宝藏》则是《中国佛教经典宝藏》的简体字修订版。之所以要出版这套丛书，主要基于以下的考虑：

　　首先，佛教有三藏十二部经、八万四千法门，典籍浩瀚，博大精深，即便是专业研究者，穷其一生之精力，恐也难阅尽所有经典，因此之故，有"精选"之举。

其次，佛教源于印度，汉传佛教的经论多译自梵语；加之，代有译人，版本众多，或随音，或意译，同一经文，往往表述各异。究竟哪一种版本更契合读者根机？哪一个注疏对读者理解经论大意更有助益？编撰者除了标明所依据版本外，对各部经论之版本和注疏源流也进行了系统的梳理。

再次，佛典名相繁复，义理艰深，即便识得其文其字，文字背后的义理，诚非一望便知。为此，注译者特地对诸多冷僻文字和艰涩名相，进行了力所能及的注解和阐析，并把所选经文全部翻译成现代汉语。希望这些注译，能成为修习者得月之手指、渡河之舟楫。

最后，研习经论，旨在借教悟宗、识义得意。为了将其思想义理和现当代价值揭示出来，编撰者对各部经论的篇章品目、思想脉络、义理蕴涵、学术价值等所做的发掘和剖析，真可谓殚精竭虑、苦心孤诣！当然，佛理幽深，欲入其堂奥、得其真义，诚非易事！我们不敢奢求对于各部经论的解读都能鞭辟入里，字字珠玑，但希望能对读者的理解经义有所启迪！

习近平主席最近指出："佛教产生于古代印度，但传入中国后，经过长期演化，佛教同中国儒家文化和道家文化融合发展，最终形成了具有中国特色的佛教文化，给中国人的宗教信仰、哲学观念、文学艺术、礼仪习俗等留下了深刻影响。"如何去研究、传承和弘扬优秀佛教文化，是摆在我们面前的一个重要课题，人民东方出版传媒有限公司拟对繁体字版的《中国佛教经典宝藏》进行修订，并出版简体字版的《中国佛学经典宝藏》，随喜赞叹，寥寄数语，以叙因缘，是为序。

二〇一六年春于南京大学

大陆版序二

依空

身材高大、肤色白皙、擅长军事的亚利安人，在公元前四千五百多年从中亚攻入西北印度，把当地土著征服之后，为了彻底统治这里的人民，建立了牢不可破的种姓制度，创造了无数的神祇，主要有创造神梵天、破坏神湿婆、保护神毗婆奴。人们的祸福由梵天决定，为了取悦梵天大神，需要透过婆罗门来沟通，因为他们是从梵天的口舌之中生出，懂得梵天的语言——繁复深奥的梵文，婆罗门阶级是宗教祭祀师，负责教育，更掌控了神与人之间往来的话语权。四种姓中最重要的是刹帝利，举凡国家的政治、经济、军事、文化等等都由他们实际操作，属贵族阶级，由梵天的胸部生出。吠舍则是士农工商的平民百姓，由梵天的膝盖以上生出。首陀罗则是被踩在梵天脚下的土著。前三者可以轮回，纵然几世轮转都无法脱离原来种姓，称为再生族；首陀罗则连轮回的因缘都没有，为不生族，生生世世为首陀罗，子孙也倒霉跟着宿命，无法改变身份。相对于此，贱民比首陀罗更为卑微、低贱，连四种姓都无法跻身其中，只能从事挑粪、焚化尸体等最卑贱、龌龊的工作。

出身于高贵种姓释迦族的悉达多太子，为了打破种姓制度的桎梏，舍弃既有的优越族姓，主张一切众生皆平等，成正等觉，创立了佛教僧团。为了贯彻佛教的平等思想，佛陀不仅先度首陀罗身份的优婆离出家，后度释迦族的七王子，先入山门为师兄，树立僧团伦理制度。佛陀更严禁弟子们用贵族的语言——梵文宣讲佛法，而以人民容易理解的地方口语来演说法义，这就是巴利文经典的滥觞。佛陀认为真理不应该是属于少数贵族、知识分子的专利或装饰，而应该更贴近普罗大众，属于平民百姓共有共知。原来佛陀早就在推动佛法的普遍化、大众化、白话化的伟大工作。

佛教从西汉哀帝末年传入中国，历经东汉、魏晋南北朝、隋唐的漫长艰巨的译经过程，加上历代各宗派祖师的著作，积累了庞博浩瀚的汉传佛教典籍。这些经论义理深奥隐晦，加以书写的语言文字为千年以前的古汉文，增加现代人阅读的困难，只能望着汗牛充栋的三藏十二部扼腕慨叹，裹足不前。

如何让大众轻松深入佛法大海，直探佛陀本怀？佛光山开山宗长星云大师乃发起编纂《中国佛教经典宝藏》。一九九一年，先在大陆广州召开"白话佛经编纂会议"，订定一百本的经论种类、编写体例、字数等事项，礼聘中国社科院的王志远教授、南京大学的赖永海教授分别为中国大陆北方与南方的总联络人，邀请大陆各大学的佛教学者撰文，后来增加台湾部分的三十二本，是为一百三十二册的《中国佛教经典宝藏精选白话版》，于一九九七年，作为佛光山开山三十周年的献礼，隆重出版。

六七年间我个人参与最初的筹划，多次奔波往来于大陆与台湾，小心谨慎带回作者原稿，印刷出版、营销推广。看到它成为佛教徒家中的传家宝藏，有心了解佛学的莘莘学子的入门指南书，为星云大师监修此部宝藏的愿心深感赞叹，既上契佛陀"佛法不舍一众"的慈悲本怀，更下启人间佛教"普世益人"的平等精神。尤其可喜者，欣闻现大陆出版方东方出版社潘少平总裁、彭明哲副总编亲自担纲筹划，组织资深编辑精校精勘；更有旅美企业家鲁彼德先生事业有成之际，秉"十方来，十方去，共成十方事"之襟怀，促成简体字版《中国佛学经典宝藏》的刊行。今付梓在即，是为序，以表随喜祝贺之忱！

二〇一六年元月

目 录

题　解　001

经　典　021

源　流　111

解　说　125

附　录　153

参考书目　247

《中国佛教经典宝藏》目录

编号	书名	编号	书名	编号	书名
1	中阿含经	45	杂阿含经	89	句义经
2	长阿含经	46	增壹阿含经	90	本生经的起源及其开展
3	增一阿含经	47	佛音讲录	91	人间巧喻
4	杂阿含经	48	佛陀名号	92	人天眼目·宗派源流
5	金刚经	49	释迦佛与五方佛	93	南海寄归内法传
6	般若心经	50	佛有多少	94	人生最高享乐
7	大智度论	51	法华经	95	人间净土记
8	大集经	52	华严经	96	正信与迷信
9	十二门论	53	大乘教义化	97	劝世书
10	中论	54	楞伽经	98	佛三种忏法
11	百论	55	敬僧教示	99	老子道德经
12	圆觉	56	佛海止水	100	佛国记
13	解脱道论	57	法句譬喻	101	五灯会元
14	密教精理	58	华严经	102	指月录
15	密教经典录	59	圆觉经	103	菜根谭传
16	八大人觉	60	华严五教章	104	普陀山志抄
17	人天最尊菩萨座	61	华严五教章	105	广弘明集
18	大日经	62	六妙门	106	佛祖统
19	禅正真菩萨座	63	菩萨戒经	107	禅宗名山胜境与名寺
20	无碍解脱经	64	华严经	108	中国佛教名山胜境与名寺
21	永嘉证道歌·信心铭	65	楞严经	109	敦煌学概观
22	报恩集	66	教说经	110	洛阳伽蓝记
23	净名菩萨	67	楞严经	111	佛教艺术出典汇萃
24	本日集	68	十诵律	112	佛教文学中的八位菩萨
25	八菩萨	69	八瑞起佛	113	佛说经三经
26	解深密经	70	优婆塞戒经	114	八楞严经
27	善提佛弟子菩萨	71	观佛经	115	楞严本嘉经分二部
28	最胜王经	72	佛生经	116	安般守意经
29	佛门生训	73	瑞物礼拜经	117	净土行经
30	佛祖圣训	74	佛祖大集	118	那先比丘经
31	佛林宗旨经	75	佛祖起源及其经传	119	大乘义章
32	佛门将经念藏图	76	佛说三经论经	120	圆明入正理论
33	佛源教说法般若	77	大日经	121	宗镜录
34	宗派基	78	惨悔经	122	法林类林抄
35	来庵讲佛法录	79	金刚顶经	123	经律异相
36	中国佛堂特别在坡	80	八佛顶真修正经	124	维摩经记
37	写方法道场	81	心悟记	125	禅宗诸家心法
38	佛长与为善	82	父母恩义	126	与一人佛子禅宗要
39	释迦佛圣寺众沙弟门	83	佛说波罗提经	127	《沧海》文集、文集
40	般若三昧经	84	四分律	128	《妙法莲华义文》讲录
41	净土三经	85	应佛法流经要	129	佛经概况
42	佛说阿弥陀土生净土经	86	华严宗法要经	130	佛教的众生理论
43	瑞业集	87	六度集经	131	华严的众生理论
44	万寿图的集	88	杂问经	132	僧传与教外史文集

深入经藏，智慧如海。

咨询电话：大陆 010-8592 4661

手机购书

本套佛学经典宝藏系统的梳理了、归纳和佛学思想。

扫一扫

昌之大师
编撰信念
"人间佛教"的践行者

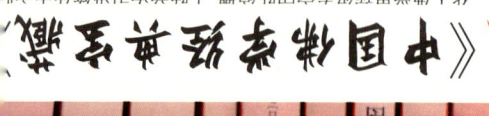

专家推荐

昌之大师常说,佛学并非少数人的专利,它应该走向每一个想要接触的人,这套书推动了民间佛教经典的兴盛。

——徐经泽教授
佛教协会长,文学博士,中国宗教学会

昌之大师对编撰《中国佛教经典宝藏》非常重视,对经典进行了筛选,仔细探究源头类别,这对一般人在看经时,理解经典的脉络,是有很大帮助的。

——赖永海教授
南京大学教授,中国佛教学会中心主任

《中国佛教经典宝藏》精选了佛教经典,着重整理和佛经的精髓,长校去伪存真的工作。

——王荣国教授
中国社会科学院世界宗教所研究员,中国宗教学会副会长

《中国佛教经典宝藏》

在佛光山佛教学院的努力下,大陆民众得以读到图文并茂、浅显易懂,撰笔不俗的"白话精华大藏经"。

《中国佛教经典宝藏》白话版现已到系列132册由昌之大师亲自编撰,大师,只要民众希望亲近佛教,好好编出一部,小册,短,浅,便于普通人阅读的佛法读本,深入经藏取其之经论精华,将艰涩难懂的、有其他深奥的经义取其深处,佛了其其精华、令有点感悟的众生从中获益,这里面蕴涵、将说各等经书,周其经书其深奥,让佛学有其莊严正是得其深远的内涵。每本的经论佛法在其中闪耀光彩,为其他佛经提供源源不断的化身的现代蓝本。

传统大藏经 VS 中国佛教经典宝藏

第一回合		
繁琐冗长	VS	精华重点
最艺大师整理长系,原艺大师编选132种书籍编纂有余,方便读者。		

第二回合		
晦涩难懂	VS	白话精选
佛经义艰难懂,多用篆体,经验度文献难读,择用其精读法,读起来,与白话的阅读。		

第三回合		
经文艰深	VS	最新代注
难懂与理解		有人编著推介,注重分析,设身
明白指引难懂难懂。		专家注解、一流名师。

《牟子理惑论》通称《牟子》，又叫《理惑论》。唐朝僧人神清在《北山录》中说，该书原名为《治惑》，后来唐代人为避唐高宗李治的讳，才改成《理惑》。可是书里还有其他地方用到"治"字却并未改动，可见由唐人避讳改名的说法并不可靠。

《牟子理惑论》是中国最早的佛教论书。全书正文三十七章，正文前有牟子的传记作为"序"，书末有"跋"。作者自设宾主，以问者和牟子各为一方，采用对话问答的形式展开论说。问者对佛教提出种种疑问和责难，牟子引经据典，逐一加以解释或辩驳。在一问一答之间阐述了佛教的义理。问者提出的问题代表了当时的人对佛教的困惑，牟子的答辩则代表了信徒对佛教的理解。因此，《理惑论》一书从两个侧面反映了那时候的中国人对佛教的认识。作为中国人论述佛教的早期著作，《理惑论》是了解佛教初传中国的情况，研究中国佛教形成和发展的一部重要文献。

版本

《理惑论》最初收在陆澄的《法论》中，称为《牟子》。陆澄是刘宋、南齐时候的人，受宋明帝委托编《法论》以弘扬佛教。陆澄因《理惑论》中讲了"汉明帝遣使求法"的故事，就把它编在讲佛教缘起的"缘序"集中。《法论》在早年即已失传，仅在《出三藏记集》里保存了目录。

《出三藏记集》的作者是南朝齐梁时候的僧人僧祐，在他的另一著作《弘明集》里收入了《理惑论》的全文。因此，通常就说《理惑论》首载于《弘明集》。《弘明集》通行的刻本大致是两种，一个是明代汪道昆刻本（有的学者说应是吴惟明刻本），另一个是金陵刻本。《理惑论》随着《弘明集》的刊刻而流传。其他丛书收录《理惑论》时，也都是以《弘明集》为本的。

还有一些典籍对《理惑论》有所记载和收录。《隋书·经籍志》在"子部·儒家类"的目录中记有《牟子》二卷，但是不见原文。新、旧《唐书》跟着作了同样的记录。南朝梁人刘孝标注《世说新语》，唐代人李善注《昭明文选》，各引《理惑论》正文内容一则。宋朝太平兴国年间撰《太平御览》，引《理惑论》五则。清朝光绪年间汇刊《百子全书》，录有《牟子》一卷，全文录出。清人孙星衍编《平津馆丛书》，也全文收入《理惑论》。

作者

在《出三藏记集》所保存的《法论》目录中，只是《理惑论》书名之下标有一个副题："一云苍梧太守牟子博传"，并没有确指作者的名字，而到了《隋书》里，则说《牟子》二卷，"汉太尉牟融撰"。新、旧《唐书》沿用了这一说法。在《出三藏记集》所列的《弘明集》目录中，没有说《理惑论》的作者是牟融，但是在明代的《弘明集》刻本中，则又注明《理惑论》的作者是"汉牟融"，同时附注"一云苍梧太守牟子博传"。孙星衍把《理惑论》收入《平津馆丛书》时，曾让他的学生洪颐煊考校作者。洪颐煊认为《理惑论》不会是牟融所作，牟子博是什么人又不见历史记载，无从考证。然而在《平津馆丛书》中仍然保留了"汉太尉牟融撰"的说法。据洪颐煊解释，这是因袭隋唐旧说，"以疑传疑"。

由于《理惑论》的作者有不同说法，因而牟子是什么人就成了问题，引起了学者们的关注。

《理惑论》的作者不是汉太尉牟融，这是已经清楚的了。牟融是东汉初年明帝、章帝时候的人，《后汉书》中有他的传记。他任太尉是在章帝即位之后，死于建初四年（公元七九年）。历史上并没有他曾经著书的记载，特别是根据《理惑论》的序传，牟子是东汉末年灵帝、献帝时候的人，献帝即位时已经是公元一九〇年，距牟融在世相去一百多年。可见这个牟子断不会是那个做过太尉的牟融。

值得注意的是，现在从《弘明集》里所看到的是，《理惑论》的作者为"汉牟融"。并不再冠以"太尉"二字。这仅仅是为了方便而省去，还是另有一个不曾做过太尉的牟融呢？确有学者认为，另有牟融其人并非不可能，但是因缺乏史料的支持，只好存疑了。

《法论》和《弘明集》，在《理惑论》的书名下都标注了"一云苍梧太守牟子博传"的副题。这是关于《理惑论》作者的又一种说法。这个副题引出了更多的争议，致使众说不一。择其要者就有：

其一，牟子姓牟名博，而《理惑论》则是纪传体的书。

其二，怀疑"牟子博传"中的"博"字是"传"字的误笔，后来补写传字时忘记圈去。但是"牟子传"是书名而非人名，并且是苍梧太守撰写了《牟子传》。于是，说《理惑论》是牟子的自传不对，说《理惑论》的作者是牟子博也不对，说牟子是苍梧太守更加不对。

其三，牟子姓牟名融，字子博。但是这个牟融不是汉太尉牟融，而是汉末逸士。

其四，牟子已失其名，他是苍梧人，但是不曾做过太守。

争论表明，牟子叫什么名字，到底是什么人，已经难以确考。不过从《理惑论》的序传中还是可以对他有个大概的了解：牟子的原籍是苍梧，他精通儒家经典，博览诸子百家的著作，为避开社会动乱来到交趾。他没有做过苍梧太守，并且无意于仕途。他志在钻研学问，潜心研究佛教和《老子》。因他信奉佛教，遭到世俗的非难，于是写下了《理惑论》进行答辩，也借以宣扬佛教原理。

成书年代

对作者的看法不同，势必导致对成书年代的不同意见，这就又有了《理惑论》一书的真伪之辩。

梁启超、吕澂诸公认为《理惑论》乃是伪作，作者是晋宋时候的人，不会是后汉人士。梁启超先生著有《牟子理惑论辨伪》一文，批评《理惑论》内容既伪，文字也坏。他从内容方面指出：

第一，《理惑论》中有"仆尝游于阗之国"这样的话，可是根据《后汉书·西域传》的记载，由于于阗发生变乱，汉桓帝讨伐不了，所以从那以后于阗与中国已经断绝了交通，稍后的灵帝和献帝时候的人又怎么可能到过于阗呢？

第二，《理惑论》中讲了当时的沙门剃头、好酒、畜养妻子等情况，表明当时僧徒的风纪已经相当败坏，在汉末不会有这种情况，在东晋的后赵、后秦时才会有这种现象。

第三，《理惑论》中又说，当时的"世人学士""多讥毁佛法"，但是从保存下来的后汉人的著述来看，除了襄楷给汉桓帝的上书中提到佛法以外，没有其他人再提到佛法。这表明汉代的士大夫并不知道有佛学。既然不知道，又怎能有毁誉？显然这是伪作者把东晋、刘宋时的情况说出来了。

梁启超先生还提出一些其他论据说明《理惑论》是伪作。他并且从文字方面批评说："此书文体，一望而知为两晋六朝乡曲人不善属文者所作。"总之，他否定牟子真有其人，认为《理惑论》是东晋、刘宋之间的人伪托后汉牟融的名字撰写的。

吕澂先生在《中国佛学源流略讲》一书中也指出：《理惑论》的作者绝非汉末时人，当时佛家的学说不会有书内记载的情况。此书的成书时间约在晋宋之间，应该属于伪作。吕澂先生着重从佛学方面加以论证，例如：《理惑论》正文第一章讲了佛的生平，其中说，佛在十九岁时骑上犍陟，带上车匿，在鬼神的扶举之下飞出宫去，这是对佛出家情况的描写。但是佛十九岁出家这一说法，就与当时一般所说的二十九岁出家不一样。十九岁出家一说，只见于《太子瑞应本起经》，而这部经是在三国时候，由当时在吴国的支谦翻译出来的，这岂不意味着《理惑论》的成书是在吴代以后？又如书里记载的须大拏故事，出自《六度集经》，它的翻译者也是三国时的吴国人，同样是后来的事了。

牟子自称是汉献帝时候的人，生活在二世纪末。而这两部经的译出都在三世纪中叶，相差五六十年。或许可以说，牟子长寿，《理惑论》是他在晚年写的，这样说尽管可疑，还勉强说得过去。然而仍然有问题，书中说佛在二月十五日涅槃，与一般所说的二月八日或四月八日涅槃也不一样。特别是书里还讲到"佛道以酒肉为上戒"，这种说法只是在《大涅槃经》被译出以后才有的，而这部经被翻译出来，已经是晚在五世纪初了。这些材料都说明,《理惑论》成书的时间不会早于晋代,应是在晋宋之间。

胡适之、周叔迦、汤用彤、任继愈诸公则认为,《理惑论》不是伪作,确是汉魏旧帙。胡适之先生认为梁启超的辨伪"未免太粗心"。他在《论牟子理惑论·寄周叔迦先生》一文中说:《理惑论》文字明畅谨严,在汉魏之间算得上是好文学。

周叔迦先生在《梁任公牟子辨伪之商榷》一文中,对梁启超提出的论据进行分析,详细论证《理惑论》确非伪作。他指出,于阗与中国在汉桓帝以后断绝交通,是指朝贡的使者不再来往了,并不是连私人的游历也都被禁绝了。因此灵帝、献帝时有人游于阗并不奇怪。其次,根据汉魏政府不准汉人出家,而说当时不会有中国人成为沙门,也不准确。汉末有临淮(今安徽凤阳县)人严佛调就出家做了沙门。从《后汉书》中又可以了解到,楚王刘英曾经供养过沙门。还有笮融当时已经大起佛寺,怎么会有了佛寺却没有沙门呢?至于当时沙门剃头发、好酒浆、畜妻子,也是可以得到解释的,因为那时佛教的戒条还没有传入中国,沙门没有戒律可以遵行,饮酒、畜妻就不足为怪了。到了东晋时,戒律已经严整,那时倒不会普遍地出现这种现象了。

再次,《理惑论》中说当时的世人学士多讥毁佛法,恰能说明后汉著述中很少提到佛法这一现象。因为学士们既然轻视佛法，也就不愿意把它著录在简册中了。反观晋宋之际，玄风畅行，士大夫都愿意与高僧交游，乃至捐出宅院作为寺庙，又怎么会讥毁佛法呢？说讥毁佛法是晋宋时候的情况也是不准确的。总之，在周叔迦先生看来，梁启超的质疑多不确实，《理惑论》是汉人著作应是没有问题的。认为《理惑论》不是伪作的学者特别强调，该书序文中所记载的历史事件，不但与史书符合，而且可以补充正史之阙。

汤用彤先生在《汉魏两晋南北朝佛教史》中就此指出：《理惑论》序文中说，豫章太守是交州牧（刺史）的弟弟，为中郎将笮融所杀，交州牧派遣骑都尉刘彦领兵讨伐，这些叙述历历与正史相符契。根据《后汉书·朱儁传》：朱儁是会稽上虞人，他有儿子名朱皓，曾官至豫章太守。根据《陶谦传》：笮融杀死了豫章太守朱皓。根据《吴志·士燮传》：交州刺史朱符被夷贼所杀。又据《薛综传》：朱符任交州刺史时，多任用会稽同乡，其中就有刘彦。

综合这些史料可以看出：朱皓、朱符、刘彦都是会稽人；朱皓是朱儁的儿子，朱符是朱儁的子侄；笮融所杀的豫章太守朱皓，就是交州牧朱符的弟弟。因朱皓之死，朱符派遣刘彦将兵赴弟之难。这不仅表明《理惑论》序文所述与历史契合，而且补充了一些史书的漏载材料。因而，《理惑论》不是伪作，由此可得确证。

论证此书不伪的理由还有：序传中说牟子避乱到交州居住，并记载了交州当时的学术情况，这也是可信的。交州当时成为内地的避乱之地，由于提倡文教，北方许多学人来此避难，相互交流学术是有条件的。又如《理惑论》中只讲"黄老"而不讲"老庄"，这种提法和口吻也是后汉以前所使用的，不似后人的语气，只是到了魏晋玄学兴起，庄子才被推崇而与老子并提。

再如道家与道教不一样，最初道家与神仙家也有区别，后来才合而为一。《理惑论》中对它们的区别就很严格。至于细小之处就更多了，例如书中用到"庄"字的地方均改用"严"字，就是为了避汉明帝刘庄的讳。凡此种种，都可说明《理惑论》成书于东汉末年，并非后人伪托之作。

《理惑论》是成书于东汉末年，还是晋宋年间的伪作，在日本和法国学者中也有不同的议论。这一波及中外的真伪之讼，至今尚无定论。从各家的辩论发言中可以发现，说它是伪书的学者，所持的论据多与佛家有关，其论证多是指出书中所用的佛教材料颇可怀疑。而说它不是伪书的学者，大多是根据书中叙述的历史事件与史书相符。由于论者均持之有故，因而取舍就主要在于看问题的角度了。考虑到《理惑论》序传中所述的史事可与史书相印证，对社会动乱状况和交州学术氛围的记述与当时的实际相符，关于撰写此书原因的交代，也与当时佛教在中国的背景契合，因此，《理惑论》成书于汉魏之际应是可信的。

学术价值

有学者评价说，《理惑论》三十七章，实为佛教的重要著作，在中国佛教史上是重要的一页（《汉魏两晋南北朝佛教史》上册，《汤用彤论著集之一》第五十六页、五十七页）。认为《理惑论》是真书的学者，一般都对它在佛教中的地位和学术价值做出肯定的评价。

从现存的材料看，《理惑论》最初受到重视，主要是因为书中讲述了"明帝求法"的故事。正文第二十一章说，汉明帝梦见神人，身有日光，飞在殿前。有人告诉明帝，这个神人就是天竺国的得道者，号称为佛。于是明帝派遣使者到大月氏写佛经四十二章。汉地听说佛道即由此发端。这一记述，引起古代学者的格外注意。陆澄编《法论》，不把《牟子》归列教门，而是编入讲佛教缘起的集子中，就是考虑到书中有"汉明帝时佛教初传中国"的记载。刘孝标注《世说》，李善注《昭明文选》，从《理惑论》中引用的也都是这一条。《理惑论》是中国早期的佛教论著，其中出现佛教初传的记载自然十分触目。

关于佛教何时传入中土的问题，说法有多种，难以确定。当代学者一般是把佛教初传上推到西汉末年，认为汉哀帝元寿元年（公元前二年），大月氏使者伊存向博士弟子景庐口授佛经是最初的传入，而不以"明帝求法"为最早，对明帝求法本身也提出了质疑。明帝求法一事，《后汉书》中是有记载的，历来是流行最广的一种说法。《理惑论》中讲到这件事时，包含了"梦见神人"一类的虚构成分，不足全信。

但是正如汤用彤先生所说："求法故事，虽有疑问，但历史上事常附有可疑传说，传说固妄，然事实不必即须根本推翻。"（《汉魏两晋南北朝佛教史》上册，《汤用彤论著集之一》第十六页）就是不能因为求法故事中附会了一些神怪传说，就把它完全看成向壁虚构的产物。如果把佛教的初传加以略为宽泛的理解，不是看作一件事，而是看作几件事；不是看作某一个时间，而是看作经历了一定时期的过程，那么《理惑论》所记述的初传故事，应是这个过程中一个影响最大的举动。

即使对明帝求法存疑，《理惑论》记载了这件事仍然是有价值的。它表明，在牟子所处的那个时代，人们仍然认为，佛教是通过汉明帝遣使求法而传入中国的，而其中提到使者赴大月氏抄写佛经四十二章，又为《四十二章经》的传入方式提供了一个新的说明材料。以往认为这部经是由印度僧人翻译过来的，自《理惑论》开始，又有了由使者抄写回来的说法。

牟子撰写《理惑论》，旨在宣讲佛教的教义，并不以介绍佛教的初传为主要目的。因此，当代学者认为，《理惑论》对于了解佛教初传的情况，以及对于研究中国佛教的形式和发展具有重要价值，不仅仅在于它记述了一个初传故事，而主要是在于它的整体内容反映了佛教初传时期的状况，体现了当时的中国在佛教传布和研究方面所呈现出来的时代精神。

佛教传入中国以后，在汉代至魏晋这一时期，大致经历了以下一些变化：在两汉之际，人们是把佛教与道家学说并列在一起的。佛教讲"清静"，黄帝和老子的道家学说讲"无为"，由于清静与无为声气相通，因此人们认为佛教和黄老之学没有多大差别。于是就出现了佛教学说与黄老之学并重、佛与黄老并称的状况。

佛教在来华之初，主要是在皇族和上层贵族中间流行，根据史书的记载，当时的皇族和贵族都是把佛教和黄老之学等同看待的，同时也就把佛和黄帝、老子看作同样的神。《后汉书》中说，汉光武帝的儿子楚王刘英,"诵黄老之微言,尚浮屠之仁祠"。"浮屠"就是佛,"祠"就是建造祭坛作祭祀。这句话就是说刘英把佛和黄帝、老子作为同样的崇敬对象,并且把佛教学说与黄老学说等量齐观。到了汉桓帝时,更进而在宫中设立华丽的祠坛,把佛像和黄帝、老子的像并列在一起祠祀。由于汉桓帝事情做得铺张,引得大臣襄楷上书劝谏。襄楷说,佛教崇尚清虚和无为,主张寡欲而反对奢华,大肆铺张地祠祀,恰恰违背了它的宗旨。从襄楷这番话可以看出,在他的心目中,佛教和黄老学说也是没有差别的。

与此同时,汉代皇族上流社会在对待佛教的态度上又表现出另一个特点,就是又把佛教和神仙方术相并列,使佛教成为依附于方术的一种教流。原本是道家学说的黄老之学,到了后汉时候,已经被方士们接过去了。道家方士们把老子引为道教的鼻祖,把黄老之学篡改成了以神仙辟谷为内容的道术,与神仙方术混在了一起。由于黄老学说发生了向道术的演变,在皇族和贵族普遍信奉鬼神方术的背景下,佛教也就在所难免地成了道术的依附品。

据史书记载,东汉皇家多"好鬼神事",即使是光武帝和汉明帝,虽然是一代明君,也一样地相信谶讳神怪之说。于是,在皇族和贵族的眼里,佛教也是神仙方术的一种，他们信奉佛教，也只不过是把它当作一种神仙道术来看待的。

概言之，汉代的皇家贵族认为"清静"与"无为"相通，从而在教理上把佛教与黄老之学并称。另一方面，他们又把佛看成与老子一样的神仙，从而又把佛教与神仙道术相并列。

到了东汉末年，情况起了一些变化。这一变化的特点是，佛已经有了被单独供奉的际遇，而不再与黄老并称了。"笮融事佛"一事是这种变化的一个重要标志。据《后汉书》和《三国志》说，笮融大造佛寺，用铜铸造佛像，涂上金色，披上彩衣。并且诵读佛经，纪念佛教的宗教节日，规模相当可观。笮融的事佛，已经是仅仅祀佛，而不兼及黄老了。与以往的佛与黄老并重相比，另成一种风气。

到了魏晋年代，佛教在中国的传播和研究，以及人们对佛教的态度再一次发生了转折。主要表现为：神仙道术已经衰微了，不再被相信；代之而起的是魏晋玄学；佛教得以摆脱神仙方术，在依傍玄学又补充玄学的过程中进一步流传。魏晋时期，在何晏、王弼等玄学家的带动下，谈"有"说"无"成为社会的时尚。正像《晋书·王衍传》所说的那样："何晏、王弼立论，天地万物皆以无为本"。这种社会思潮对佛教产生了深刻的影响。

东汉末僧人支谶和三国时佛经翻译家支谦说：佛教所讲的"涅槃"、"真如"和"空"，与老庄玄学所说的"道"和"无"没有什么区别，玄学对佛教的渗透于此可见一斑。在这种社会风气之下，佛徒名僧大多兼通玄理、谈论虚玄，乐此不疲。正如汤用彤先生所做的概括：魏晋佛学，在所读的书籍、行事的风格，乃至使用的名词术语方面，都和玄学家没有多大差别。在思想理论方面，也是佛教与玄学互相印证，遥相呼应。

从汉代佛教与黄老并称、与神仙道术并列，到汉末推崇佛教而不兼及黄老，进而到魏晋时候，佛教摆脱了神仙道术，开始与老庄玄学互相唱和，这个变化过程以及各个阶段所呈现出来的时代特征，在《理惑论》中都有所反映，或者有所预示。《理惑论》一书也由此表现出它特有的时代精神。

牟子说："道有九十六种，至于尊大，莫尚佛道。"又说："众道丛残，澹泊无为，莫尚于佛。"类似的议论，正是汉末时候推重佛教的反映。

牟子说："辟谷之法，数千百术，行之无效，为之无征。"在序传中又交代说："虽读神仙不死之书，抑而不信，以为虚诞。"这又是神仙道术已不再被相信，佛教开始摆脱道术的反映。

牟子说："佛与老子，志在无为。"又说他自己是"睹佛经之说，览老子之要，守恬憺之性，观无为之行"。在序传中则自称"锐志于佛道，兼研《老子五千文》"。再结合牟子在书中大量引用《老子》，兼而引用《庄子》的情况，不难看出，《理惑论》一书在推重佛教的同时，已经预示着"汉代佛教附庸方术"向"魏晋释子雅尚老庄"的转变，为这一风气的转变做了铺垫。

上述分析表明：在汉代佛教向魏晋佛教发展演变的过程中，牟子是一个承上启下的过渡人物，而《理惑论》一书则是风气转变中不可或缺的重要一环。这正是《理惑论》在中国佛教学说中所具有的价值，正是它在中国佛教史上所具有的地位。汤用彤先生说《理惑论》是佛教的重要著作，是中国佛教史上的重要一页。这一看法，确实是对《理惑论》一书的中肯评价。

经典

原典

　　牟子既修经传①诸子，书无大小，靡不好之。虽不乐兵法，然犹读焉。虽读神仙不死之书，抑而不信，以为虚诞。是时灵帝②崩后，天下扰乱，独交州③差安。北方异人咸来在焉，多为神仙辟谷④长生之术。时人多有学者，牟子常以五经⑤难之，道家术士莫敢对焉，比之于孟轲⑥距杨朱⑦、墨翟⑧。

　　先是时，牟子将母避世交趾⑨。年二十六归苍梧⑩娶妻。太守闻其守学，谒请署吏。时年方盛，志精于学，又见世乱，无仕宦意，竟遂不就。是时，诸州郡相疑，隔塞不通。太守以其博学多识，使致敬荆州⑪。牟子以为，荣爵易让，使命难辞，遂严当行。会被州牧优文处士辟之,复称疾不起。

牧弟为豫章⑫太守,为中郎将笮融所杀。时牧遣骑都尉刘彦将兵赴之,恐外界相疑,兵不得进。牧乃请牟子曰:"弟为逆贼所害,骨肉之痛,愤发肝心。当遣刘都尉行,恐外界疑难,行人不通。君文武兼备,有专对才。今欲相屈之零陵⑬、桂阳⑭,假涂于通路,何如?"

牟子曰:"被秣伏枥,见遇日久,烈士忘身,其必骋效。"遂严当发。会其母卒亡,遂不果行。久之退念。以辩达之故,辄见使命,方世扰攘,非显己之秋也。

乃叹曰:"老子⑮绝圣弃智,修身保真。万物不干其志,天下不易其乐,天子不得臣,诸侯不得友,故可贵也!"于是锐志于佛道,兼研《老子五千文》⑯,含玄妙为酒浆,玩五经为琴簧。世俗之徒多非之者,以为背五经而向异道。欲争则非道,欲默则不能。遂以笔墨之间,略引圣贤之言证解之,名曰《牟子理惑》云。

注释

①**经传**:旧称儒家的重要代表著作为"经",称解释经文的书为"传"。后来人们把传也称作经。

②**灵帝**:即刘宏,东汉皇帝,公元一六八—一八九年在位。

③**交州**：原为"交趾",东汉建安八年（公元二〇三年）改交趾为交州。治所在广信（今广西梧州市）,不久即迁至番禺（今广东广州市）。辖境相当于今广东、广西的大部和越南承天以北诸省。

④**辟谷**：又称"断谷""绝谷",即不食五谷的意思。初为中国古代的一种修养方法,辟谷时仍食药物,并兼做导引功夫。后为道教承袭,当作"修仙"的一种方法。据道教说,人体中有叫作"三尸"的邪怪,靠五谷生存,危害人体。经过辟谷修炼,可以除掉三尸,以至长生不死。

⑤**五经**：指五部儒家经典,即《诗》《书》《礼》《易》《春秋》。"五经"之称,始于汉武帝时。

⑥**孟轲**：即孟子,战国时思想家、政治家、教育家。儒家的代表人物之一,被认为是孔子学说的继承人。孟轲字子舆,邹（今山东邹县东南）人,著作有《孟子》,儒家经典之一。

⑦**杨朱**：又称杨子、阳子居、阳生。战国时哲学家,魏国人。他没有著作传世,据说他主张"贵生""重己",反对墨家的"兼爱"思想和儒家的伦理思想。他的观点受到孟子的猛烈抨击。

⑧**墨翟**：即墨子,春秋、战国之际的思想家、政治家,墨家的创始人。相传原为宋国人,后长期住在鲁

国。墨家学派有《墨子》一书传世，现存五十三篇。

⑨**交趾**：古时泛指五岭以南地区。在本书中是指汉武帝时所设置的十三个刺史部之一。辖境相当于今广东、广西大部和越南的北部、中部。东汉末年改为"交州"。

⑩**苍梧**：郡名，西汉元鼎六年（公元前一一一年）设置。治所在广信（今广西梧州市）。

⑪**荆州**：汉武帝设置的十三刺史部之一，辖境约相当于今湖北、湖南两省及河南、贵州、广东、广西的一部。东汉时治所在汉寿（今湖南常德市东北）。

⑫**豫章**：郡名，汉高帝五年（公元前二〇二年）设置。治所在南昌（今南昌市），辖境相当于今江西省地。

⑬**零陵**：郡名，西汉元鼎六年（公元前一一一年）设置。治所在零陵（今广西全州西南），东汉时迁至泉陵（今湖南永州市北）。

⑭**桂阳**：郡名，汉高帝设置。治所在郴县（今湖南郴州市）。

⑮**老子**：相传为道家创始人，春秋时思想家。一说即老聃，姓李名耳，字伯阳。楚国苦县（今河南鹿邑东）历乡曲仁里人。做过周朝管理藏书的史官。著有《老子》。但《老子》是否为老聃所作历来有不同看法。

⑯**《老子五千文》**：书名，即《老子》，又称《道德经》。全书五千余言，分《道经》《德经》上下两篇。但

在长沙马王堆二号汉墓出土的《老子》帛书中，是《德经》为上篇。相传此书为老聃所作，但一般认为最后成书是在战国时期。

译文

牟子广泛地阅读儒家的经传和其他各个学派的著作，无论是长卷还是短篇，没有他不愿意看的。尽管对兵法不感兴趣，但是仍然阅读兵书。虽然也看一些谈论神仙不死的书，然而并不相信，认为那是虚幻荒诞之说。当时正值汉灵帝死后，天下纷乱，只有交州一带还算安定。北方有奇特才能的人纷纷来到这里，他们大多擅长神仙辟谷的法术。有许多人向他们学习辟谷的方法，牟子却常常依据儒家的五经对他们提出诘难，那些道家术士没有人敢应对，就像孟轲批评杨朱和墨翟，而杨朱和墨翟无法回答一样。

在此之前，牟子是为了避开社会动乱，奉母来到交趾的。二十六岁时回到苍梧娶妻。苍梧太守听说他恪守儒学，就前往拜访，请他出任官职。牟子那时正当壮年，志在钻研学问，又目睹社会纷乱，因此无意做官，就没有应允。当时，各州郡之间互相疑忌，断绝了交往。太守因牟子博学多识，就委派他出使荆州。牟子认为，荣誉和官爵容易推让，但是使命难以推辞，于是就整理行装准备出发。正碰上交州的州牧敬重有才能的隐士，征召牟子到州里任职，牟子因此称病不出。

州牧的弟弟是豫章太守，被中郎将笮融杀害。州牧派遣骑都尉刘彦领兵讨伐笮融，由于怕引起沿途州郡的怀疑，军队不敢贸然进发。州牧为此求助于牟子说："我弟弟被逆贼所害，手足之死令人痛心疾首。打算派刘都尉领兵讨贼，又担心其他州郡产生怀疑出来阻挡，使军队无法通过。先生文武兼备，有独立应对的辩才。现在想委屈你前往零陵、桂阳走一遭，向他们借用道路，为军队打开通路，怎么样？"

牟子说："被这方土地养育，在这里受到知遇之恩已经很久了，有雄心壮志的人可以舍身忘死，我一定驰骋效力。"于是整装欲发。可是正在这时他母亲去世了，结果未能成行。日子久了，牟子也就打消了走仕途的念头。由于他明辨通达，看透了时事，随即悟出了自己的使命，认识到社会纷乱，不是自己显露才华、施展抱负的时候。

为此感叹道："老子抛弃对圣名和智术的追求，修身养性，保持纯真。天下万物都不能干扰他的志向、不能改变他的志趣，天子无法以他为臣，诸侯无法以他为友，所以才可贵呀！"于是牟子立志修习佛道，同时研究《老子五千文》，咀嚼玄妙的佛道如品美酒，对五经像弹琴一样予以玩味，从而遭到世俗人士的指责，认为他背离了五经，转向了异端。面对世人的非难，他想起而争辩，但是那样就不合乎佛道了。想要沉默，又不能听之任之。于是牟子采取著书撰文的方式，引用圣贤的话来证明和解说佛道，书名就叫作《牟子理惑》。

原典

或问曰：佛从何出生？宁有先祖及国邑不？皆何施行，状何类乎？

牟子曰：富哉问也！请以不敏，略说其要。盖闻佛化之为状也，积累道德数千亿载，不可纪记。然临得佛时，生于天竺①，假形于白净王②夫人，昼寝梦乘白象，身有六牙，欣然悦之，遂感而孕。以四月八日从母右胁而生，堕地行七步，举右手曰："天上天下，靡有逾我者也。"时天地大动，宫中皆明。其日王家青衣复产一儿，厩中白马亦乳白驹。奴字车匿，马曰犍陟，王常使随太子。太子有三十二相③，八十种好④，身长丈六，体皆金色，顶有肉髻，颊车如师子，舌自覆面，手把千辐轮，顶光照万里。此略说其相。

年十七，王为纳妃，邻国女也。太子坐则迁座，寝则异床，天道孔明，阴阳而通，遂怀一男，六年乃生。父王珍伟太子，为兴宫观，妓女宝玩并列于前。太子不贪世乐，意存道德。

年十九，二月八日夜半，呼车匿，勒犍陟跨之，鬼神扶举，飞而出宫。明日廓然，不知所在。王及吏民莫不歔欷，追之及田。王曰："未有尔时，祷请神祇。今既有尔，如玉如珪，当续禄位，而去何为？"太子曰："万物无常，有存当亡。今欲学道，度脱十方。"王知其弥坚，遂起而还。太子径去，思道六年，遂成佛焉。

所以孟夏⑤之月生者，不寒不热，草木华英，释狐裘，衣絺绤，中吕⑥之时也。所以生天竺者，天地之中，处其中和也。所著经凡有十二部⑦，合八亿四千万卷。其大卷万言已下，小卷千言已上。佛教授天下，度脱人民，因以二月十五日泥洹⑧而去。

其经戒续存，履能行之，亦得无为，福流后世。持五戒⑨者，一月六斋，斋之日，专心壹意，悔过自新。沙门⑩持二百五十戒⑪，日日斋，其戒非优婆塞⑫所得闻也。威仪进止，与古之典礼无异。终日竟夜，讲道诵经，不预世事。《老子》曰："孔德之容，唯道是从。"其斯之谓也。

注释

①天竺：古印度别称，一名"身毒"。

②白净王：即净饭王。他是释迦牟尼佛的父亲，为公元前六至五世纪时，古印度北部迦毗罗卫国（今尼泊尔境内）国王。

③三十二相：佛教用语，相传佛的容貌不同凡俗，有三十二个显著特征，即三十二相。如"千辐轮相"（脚心有神奇战车轮状的肉纹）、"手足指缦网相"（手足指间如蹼状）等等。详见《大智度论》卷四。

④八十种好：佛教用语，指佛在容貌上的八十种细微特征。与三十二相合称"相好"。如第一好是，佛的指甲狭长薄润，光洁明净，像花色赤铜。又如第三十三好是，鼻梁修长，不见鼻孔等等。详见《大般若经》卷三百八十一。

⑤孟夏：夏季第一个月，即农历四月。

⑥中吕：古乐十二律的第六律。自《吕氏春秋》开始，古人把乐律与历法相附会，用十二个音律对应十二个月。中吕之时相当于孟夏之月，也即农历四月。《史记·律书》中说："四月是律中的中吕，所谓中吕，乃是万物都向往西方的时候。"

⑦经凡有十二部：十二部经，又称十二分教。指

佛经体例上的十二种类别。具体是指"修多罗""祇夜"等。详见《大智度论》卷三十三。

⑧**泥洹**：即涅槃。义译为灭度，指脱离一切烦恼，进入自由无碍的境界。也可译为圆寂。

⑨**五戒**：佛教在家男女教徒终身应当遵守的五项戒条。即：不杀生、不偷盗、不邪淫、不妄语、不饮酒。

⑩**沙门**：又称桑门，佛教称谓。专指出家僧侣。

⑪**二百五十戒**：佛教中有一种戒律叫"具足戒"，因戒品具足而得名。又可称作"大戒"，为比丘（僧）的戒律。它不同于在家佛教徒所持的五戒，也不同于沙弥和沙弥尼（二十岁以下的出家男女）所受的十戒。具足戒的戒条数目说法不一，沙门戒二百五十条是其中一种说法。

⑫**优婆塞**：佛教称谓，指接受五戒的在家男居士。

译文

有人问：佛出生在哪里？有没有先祖？属于哪个国家？佛有什么行为、样子像什么？

牟子说：问题很多呀！请允许我这不聪敏的人略说大概。听说佛成为佛的样子是积累道德数千亿年的结果，其年代已经不可计算了。然而临近成佛时是出生于天竺国，借助白净王夫人的身体生出来的。白净王的夫人白天睡觉时梦见自己骑着白色的象，白象长着六只牙，夫人感觉非常愉悦，于是交感而怀孕。在四月八日那天，佛从母亲的右胁生出来，落地就走了七步，并且举起右手说："天上天下，唯我独尊。"当时天地剧烈震动，宫中一片明亮。在同一天，白净王家的婢女也生下一个男孩，马厩中的白马也产下一匹乳白色的马驹。婢女生的男孩名叫车匿，白马产的马驹唤作犍陟。白净王经常让车匿和犍陟跟随太子。太子的相貌超越凡俗，有三十二种显著特征、八十种细微特征。身高一丈六，全身呈金色，头顶上有肉髻，面颊如狮子，舌头能盖住脸面，手上有神奇战车轮状的纹路，头顶上射出万丈光芒。这是对佛的相貌的大略说明。

太子十七岁时，父王为他纳妃，娶的是邻国女子。太子不与妃子同座，也不和她同床，但是天大亮时，阴阳相通，妃子随即孕育一个男孩，怀了六年才出生。白净王珍爱壮美的太子，为他兴建宫殿楼台，供给他彩女和宝玩。然而太子不贪恋世间的快乐，胸中怀着对道德的追求。

十九岁时，在二月八日的半夜，太子唤来车匿，骑上犍陟，在鬼神的扶举下，飞出宫去。第二天宫中空阔寂静，已不知太子所在了。白净王和臣民们人人哽咽，追寻太子到郊野。白净王说:"没有你的时候,向天地神明祈求得到你。现在既然有了你,生得身如美玉,本该继承禄位,为什么要离去呢?"太子说:"万物都没有恒常,有存在就有消亡,而今我要学道,为的是拯救十方。"父王知道他意志已经十分坚定,只好起身回宫。太子径直去了。后来对于"道"思索了六年,继而成佛。

佛之所以在夏季的第一个月出生,是因为那个时节天气不冷不热,草木青翠茂盛,正是脱掉狐皮衣服,穿起葛布夏衫,万物都向往西方的时候。佛之所以生在天竺国,是因为天竺居于天地的中心,处在中正和谐的位置。佛所著的经典共有十二部,合计八亿四千万卷。大卷在万字以下,小卷在千字以上。佛以教化天下、度脱人民为己任,终于达到最高的精神境界,在二月十五日那天涅槃。

佛所著的经典和制定的戒律流传下来,如果能遵照施行,也可以达到无为的境界,从而造福于后世。持五种戒条的信徒,一个月吃六天斋。在斋戒日里,专心一意,悔过自新。沙门则持二百五十种戒条,每天都要吃斋。沙门所持的戒律,是优婆塞们所没有听到过的。沙门做佛事时,仪式威严,程序井然,与古代的典礼没有差别。从早到晚讲道诵经,不干预外界事物。《老子》

说:"有大德的行为,完全服从于道。"此话说的就是这种情况。

原典

问曰:何以正言佛,佛为何谓乎?

牟子曰:佛者,谥号也,犹名三皇①神、五帝②圣也。佛乃道德之元祖,神明之宗绪。佛之言觉也。恍惚变化,分身散体,或存或亡,能小能大,能圆能方,能老能少,能隐能彰,蹈火不烧,履刃不伤,在污不染,在祸无殃,欲行则飞,坐则扬光,故号为佛也。

问曰:何谓之为道,道何类也?

牟子曰:道之言"导"也,导人致于无为。牵之无前,引之无后,举之无上,抑之无下,视之无形,听之无声。四表③为大,綩綖其外,毫厘为细,间关其内,故谓之道。

问曰:孔子④以五经为道教,可拱而诵,履而行。今子说道,虚无恍惚,不见其意,不指其事,何与圣人言异乎?

牟子曰:不可以所习为重,所希为轻,惑于外类,失于中情。立事不失道德,犹调弦不失宫商⑤。天道法四时,人道法五常⑥。《老子》曰:"有物混成,先天地生。可以为天下母,吾不知其名,强字之曰道。"道之为物,居家可以事亲,宰国可以治民,独立可以治身。履而行之,充乎天地,废而不用,消而不离。子不解之,何异之有乎?

问曰:夫至实不华,至辞不饰。言约而至者丽,事寡而达者明。故珠玉少而贵,瓦砾多而贱。圣人制七经[7]之本,不过三万言,众事备焉。今佛经卷以万计,言以亿数,非一人力所能堪也,仆以为烦而不要矣!

牟子曰:江海所以异于行潦者,以其深广也;五岳[8]所以别于丘陵者,以其高大也。若高不绝山阜,跂羊凌其巅。深不绝涓流,孺子浴其渊。麒麟不处苑囿之中,吞舟之鱼不游数仞之溪。剖三寸之蚌,求明月之珠,探枳棘之巢,求凤凰之雏,必难获也。何者?小不能容大也。

佛经前说亿载之事,却道万世之要,太素未起,太始未生,乾坤肇兴,其微不可握,其纤不可入。佛悉弥纶其广大之外,剖析其寂窈妙之内,靡不纪之,故其经卷以万计,言以亿数,多多益具,众众益富,何不要之有?虽非一人所堪,譬若临河饮水,饱而自足,焉知其余哉?

问曰:佛经众多,欲得其要,而弃其余,直说其实,而除其华。

牟子曰：否！夫日月俱明，各有所照。二十八宿，各有所主。百药并生，各有所愈。狐裘备寒，絺绤御暑。舟舆异路，俱致行旅。孔子不以五经之备，复作《春秋》⑨《孝经》⑩者，欲博道术、恣人意耳！

佛经虽多，其归为一也。犹七典虽异，其贵道德仁义亦一也。孝所以说多者，随人行而与之。若子张⑪、子游⑫俱问一孝，而仲尼答之各异，攻其短也，何弃之有哉？

注释

①**三皇**：中国传说中的远古帝王。说法不一，《史记·补三皇本纪》中指为天皇、地皇、人皇；《风俗通义·皇霸》中指为伏羲、女娲、神农。

②**五帝**：中国传说中的上古帝王。有几种说法，一般是指黄帝、颛顼、帝喾、唐尧、虞舜（《史记·五帝本纪》）。

③**四表**：指四方极远的地方。

④**孔子**：春秋末期思想家、政治家、教育家，儒家的创始人。名丘，字仲尼。鲁国陬邑（今山东曲阜东南）人。相传其弟子先后有三千人，著名的七十余人。晚年整理《诗》《书》等古代文献，并删修《春秋》，使

之成为中国第一部编年体的历史著作。现存《论语》一书，记有孔子的谈话以及他与门人弟子的问答。

⑤**宫商**："宫"和"商"都是"五音"中的音阶。此处用宫商泛指音律。

⑥**五常**：有几种指谓，此处指"五伦"，即君臣、父子、夫妇、兄弟、朋友。《孟子·滕文公上》中说："父子有亲，君臣有义，夫妇有别，长幼有序，朋友有信。"

⑦**七经**：指七部儒家经典。名目不一，汉代将《论语》《孝经》连同五经一起合称七经。

⑧**五岳**：又作五岳，中国五大名山的总称，即东岳泰山、南岳衡山、西岳华山、北岳恒山、中岳嵩山。

⑨**《春秋》**：书名，儒家经典之一。相传为孔子依据鲁国史官所编《春秋》整理修订而成。中国第一部编年体史书，起于鲁隐公元年（公元前七二二年），止于鲁哀公十四年（公元前四八一年），计二百四十二年。

⑩**《孝经》**：书名，儒家经典之一。十八章，作者各说不一，一般认为是孔门后学所作。论述孝道和宗法思想。

⑪**子张**：春秋时陈国人，名师。孔子的学生。

⑫**子游**：春秋时吴国人，名偃。孔子的学生。

译文

问：怎样正确地谈论佛？佛是指什么？

牟子说：佛是一种称号，称呼佛就像称呼三皇五帝一样。佛是道德的始创者、神明的祖先。佛的含义就是觉悟者。佛可以在转眼之间变化，身体能分散聚合，或存在或消失，能变大变小，变圆变方，变老变少，能隐形能现身，踏火不会被灼烧，在刀刃上行走不会受伤，陷于污秽之中不会被污染，遇到灾祸安然无恙，要出行就飞在空中，坐着的时候通体放光，故此被叫作佛。

问：什么叫作道？道像什么东西？

牟子说：道的含义就是"导"，道能够引导人们达到无为的境界。道是上下前后没有界限、无声无形的。四方极远处可以说是很大了，但是道仍然延伸到它们的外面，毫厘可以说是很细小了，但是道仍然存在于它们内部的空隙里，因此称为道。

问：孔子以五经作为道德规范，五经可以捧着诵读，可以照着它去做。而你所说的道，虚无缥缈，恍惚不定，不知道它的含义，也不知道它指的是什么，为什么与圣人所说的大不一样呢？

牟子说：不应当只看重自己熟悉的东西，而轻视自己不了解的事物，不要被事物的表面所迷惑而失掉了事物的根本。处身立事不离开道德就犹如弹琴不违背音律。自然规律遵循四季的交替，人类社会的规范遵守人伦五常。《老子》说："有个混然一体的东西，在没有天地之前就存在了。它可以算作天下万物的根本，我不知道它的名字，勉强给它取个名字，称它为道。"道这个东西，居家生活可以用它侍奉双亲，统治国家用它管理臣民，孤身独处时可以按照它修养身心。遵循着道来办事，道就充塞于天地之间，存在于各个方面。即使废弃而不用它，道似乎像是消失了，实际上仍然不离你的左右。你不懂罢了，我说的道与圣人所说的哪有什么不同呢？

问：最实在的东西不浮华，最好的言词不需要修饰。说话简练而恰当、用很少的笔墨阐明深刻的道理，这才是文质兼备的好文章。所以珠玉因其少而显得珍贵，瓦砾因其多而变得低贱。圣人阐述七经的旨要，不过用了三万字，但是各方面都讲得很完备。而佛经却是卷数要以万来计算，字数要以亿来计算，以一个人的精力阅读是无法承受的，我认为这是烦琐而不得要领啊！

牟子说：江海之所以有别于沟渠，在于它们水深流域广；五岳之所以与丘陵不同，在于它们山高气势伟。如果高度超不过小丘，那么跛脚的羊也能登上山顶。如果深度不过如涓涓细流，那么孩童也能在它的深处沐浴嬉戏。麒麟不会生活在园林庭院的限制中,能吞掉船只的大鱼不会在小溪中生存。剖开三寸大小的蚌寻找明珠,以矮小多刺树上的巢穴里掏取凤凰的幼仔,一定是难以获得的。为什么?因为小的处所不能容纳大的东西。

佛经要追溯数亿年上下的事情,要阐述万世万代的旨要,那时构成宇宙的物质尚未产生,自然界还没有形成,天和地刚刚开始萌生,它的微妙还不可把握,它的征兆还不可认识。佛洞察天地之外,剖析其内部的幽深奥妙,万事万物没有不记载的,所以佛经才数以万卷、数以亿言,越多就记述得越详细,越多包含的内容就越丰富,哪里会不得要领呢?虽然以一人之力不能读完所有的佛经,但是就像到河边喝水,喝够了自然就会满足一样,如果修习佛经已经得到了满足,难道还非要知道全部的内容吗?

问:佛经非常多,我只想了解它的主要内容,不想知道其余的枝节,请直接讲述它的实质,去掉那些华而不实之辞。

牟子说:你错了!日月都是明亮的,但是它们的光照不同。星宿有二十八个,然而它们各司其职。自然界生长着千百种草药,可是它们能治愈的病症各不一样。狐皮大衣可以防寒,葛布夏衫能够御暑。船和车不能在同样的路上走，然而都是用于旅行。孔子不认为五经已经完备，又删修《春秋》，作了《孝经》，就是要丰富道术，满足人们的愿望啊！

佛经虽然多，最终都归于一个宗旨，犹如儒家的七部经典虽然不同，但是都崇尚道德仁义一样。对于孝之所以有多种说法，是因为要围绕人的各种行为对孝做出解释。例如子张和子游都问什么是孝，而仲尼却做出了不同的回答，这不过是针对人们不同的行为缺陷给予指正而已，哪里是放弃了某种观点呢？对于佛经来说，哪有什么内容可以舍弃呢？

原典

问曰：佛道至尊至大，尧①舜②周③孔④曷不修之乎？七经之中，不见其辞。子既耽《诗》⑤《书》⑥，悦《礼》《乐》，奚为复好佛道、喜异术？岂能逾经传、美圣业哉？窃为吾子不取也。

牟子曰：书不必孔丘之言，药不必扁鹊⑦之方，合义者从，愈病者良。君子博取众善以辅其身。子贡⑧云："夫子何常师之有乎？"尧事尹寿⑨，舜事务成⑩，旦学吕望⑪，丘学老聃，亦俱不见于七经也。四师虽圣，比之于佛，犹白鹿之与麒麟，燕鸟之与凤凰也。尧、舜、周、孔且犹与之,况佛身相好变化,神力无方,焉能舍而不学乎?五经事义,或有所阙,佛不见记,何足怪疑哉?

注释

①**尧**:传说中父系氏族社会后期部落联盟领袖。陶唐氏,名放勋,史称唐尧。

②**舜**:传说中父系氏族社会后期部落联盟领袖。有虞氏,名重华,史称虞舜。相传受四岳(指掌管四岳的官)推举,尧命他摄政,尧去世后继位。一说尧晚年失德,为舜所囚,舜夺了尧位。

③**周**:指周公,西周初年政治家。姓姬,周武王之弟,名旦,又称叔旦。因系邑在周(今陕西岐山北),故称周公。曾助武王灭商。武王死后,成王年幼,由他摄政。

④**孔**:指孔子。

⑤**《诗》**:《诗经》的原称,自从《诗》被列为儒家经典之后,称为《诗经》。中国最早的诗歌总集,编成于春秋时代,共三百零五篇,分为"风""雅""颂"三大类。大抵是周初至春秋中叶的作品。

⑥**《书》**:《尚书》的简称,也称《书经》。儒家经

典之一。"尚"即"上",上代以来的书,故有此称。为中国上古历史文件和部分追述古代事迹著作的汇编,保存了商、周特别是西周初期的一些重要史料。

⑦**扁鹊**:战国时医学家。姓秦,名越人。渤海郡郑(今河北任丘)人。学医于长桑君。擅长各科,医名卓著。《史记》和《战国策》中载有他的传记和医病的案例。又有人说扁鹊是古代良医的代称,因为史书所记的病案相距年代甚远,可推知不是出自一位医家。

⑧**子贡**:春秋时卫国人,名赐。孔子的学生。

⑨**尧事尹寿**:鲁哀公问子夏:五帝也都有老师吗?子夏说:黄帝学于大真,颛顼学于绿图,帝喾学于赤松子,尧学于尹寿,舜学于务成跗,禹学于西王国,汤学于威子伯,文王学于铰时子斯,武王学于郭叔,周公学于太公,仲尼学于老聃。见刘向《新序》卷五。

⑩**务成**:复姓。相传舜学于务成跗,一说为务成昭。

⑪**吕望**:周代齐国的始祖。姜姓,吕氏,名望。一说字子牙,故俗称姜子牙,辅佐周武王灭商有功,封于齐。有"太公"之称。

译文

问：佛道既然最高明博大，尧、舜、周公和孔子怎么不修习它呢？而在七经里见不到有关佛道的论述。你既然沉湎于《诗》《书》，喜爱《礼》《乐》，为什么又好佛道、喜异术呢？怎能离开儒家经传去弘扬圣业？我认为你这种做法是不可取的。

牟子说：读书不必非读孔丘的书，吃药不必非吃扁鹊的药，合理的就接受，能治好病的就是良方。君子广泛吸取各家各派的长处完善自己。子贡说："孔夫子何必要有固定的老师呢？"尧向尹寿学习，舜向务成学习，周公旦学于吕望，孔丘学于老聃，这些也都不见七经上记载。这四位老师虽然圣哲，但是与佛相比较，就犹如白鹿比之于麒麟，燕鸟比之于凤凰了。尧、舜、周公和孔子对这四人都要拜以为师，何况佛相貌奇伟、腾挪变化、神力无边，尧舜等人怎么会对佛舍而不学呢？五经的记载或许有遗漏，从中看不到有关佛的记述，有什么可疑惑和奇怪的呢？

原典

问曰：云佛有三十二相、八十种好，何其异于人之甚也？殆富耳之语，非实之云也！。

牟子曰：谚云，少所见，多所怪，睹馲驼言马肿背。尧眉八彩①，舜目重瞳子，皋陶②马喙，文王③四乳，禹④耳参漏，周公背偻⑤，伏羲⑥龙鼻，仲尼反宇⑦，老子日角月玄、鼻有双柱、手把十文、足蹈二五，此非异于人乎？佛之相好，奚足疑哉？

问曰：《孝经》言："身体发肤，受之父母，不敢毁伤。"曾子⑧临没，"启予手，启予足"。今沙门剃头，何其违圣人之语，不合孝子之道也！吾子常好论是非、平曲直，而反善之乎？

牟子曰：夫讪圣贤不仁，平不中不智也。不仁不智，何以树德？德将不树，顽嚚之俦也，论何容易乎！昔齐人乘船渡江，其父堕水，其子攘臂捽头颠倒，使水从口出，而父命得稣。夫捽头颠倒，不孝莫大，然以全父之身。若拱手修孝子之常，父命绝于水矣。

孔子曰："可与适道，未可与权。"所谓时宜施者也。且《孝经》曰："先王有至德要道。"而泰伯⑨短发文身，自从吴越之俗，违于身体发肤之义。然孔子称之"其可谓至德矣"，仲尼不以其短发毁之也。由是而观，苟有大德，不拘于小。

沙门捐家财、弃妻子、不听音、不视色，可谓让之至也，何违圣语不合孝乎？豫让⑩吞炭漆身，聂政⑪皮面自刑，伯姬⑫蹈火，高行⑬截容。君子为勇而有义，不闻讥其自毁没也。沙门剃除须发，而比之于四人，不已远乎？

注释

①**尧眉八彩，舜目重瞳子，皋陶马喙，文王四乳，禹耳参漏，周公背偻，伏羲龙鼻，仲尼反顎，老子日角月玄**：此处说的尧眉八彩、舜目重瞳子、皋陶马喙（一作鸟喙）、文王四乳、禹耳参漏、周公背偻、伏羲龙鼻、仲尼反顎、老子日角月玄，都是指这些圣贤有不同于平常人的异相。其中多为神话传说，并且有些异相是有所象征的。例如尧眉八彩，据说象征着尧通晓历法，善于观测日月等天体。又如禹耳参漏，据《淮南子》说，这表示"大通"，象征着禹能够兴利除害，疏导江河。

②**皋陶**：一作咎繇。传说中的东方夷族首领，偃姓。曾被舜任命掌管刑法，后来被禹选为继承人，因早死，未继位。

③**文王**：即周文王，商末周族领袖，姓姬，名昌。商纣时为西伯，又称伯昌。在丰邑（今陕西西安西南沣水西岸）建立国都。

④**禹**：传说中古代部落联盟领袖。姒姓，也称大禹、夏禹、戎禹，一说名文命。奉舜之命治理洪水，舜

死后担任部落联盟领袖。

⑤**周公背偻**：《荀子·非相》中说，周公的身形像断灾一样。植物枯死叫作"灾"，身如断灾，形容背驼得厉害。

⑥**伏羲**：一作宓羲，又称皇羲。中国神话中的人类始祖。传说他和女娲兄妹相婚，产生人类，并教人民渔猎、畜牧，制作八卦。相传他生着龙身、牛首、龙唇、龟齿。一说伏羲即太皞，风姓。古代传说中的部落酋长。

⑦**仲尼反顀**：反顀又作"反宇"。反宇是指与屋宇相反。屋宇（屋顶）是中间高，四周低，反宇则是中间低，四周高。仲尼反顀说的是孔子的头顶是中间低，四周高。见《史记·孔子世家》。

⑧**曾子**：春秋末鲁国南武城（今山东费县西南）人，名参，字子舆。孔子的学生。以孝著称，相传《大学》是他作的。

⑨**泰伯**：一作太伯，春秋吴国的始祖。周太王的长子。太王欲立幼子季历，于是泰伯与弟弟仲雍同避江南，改从当地风俗，断发文身，成为当地君长。

⑩**豫让**：春秋战国间晋国人。晋卿智瑶的家臣。赵、韩、魏共灭智氏后，他改名换姓，用漆涂身，吞炭成哑，暗伏桥下，一再谋刺赵襄子，没有成功。被捕后，求得赵襄子衣服，用剑击衣后自杀。

⑪**聂政**：战国时韩国轵（今河南济源东南）深井里人。严仲子与韩相侠累争权结怨，求聂政刺杀侠累。政因母在，未许。后母死，乃独行仗剑刺杀侠累，然后毁坏自己的容貌而自杀。

⑫**伯姬**：《列女传》中说，伯姬是鲁宣公的女儿、鲁成公的妹妹，嫁给宋共公。她住的地方夜晚失火，身边的人劝她离开。她说，按照规矩，保傅（辅导王侯子弟的官员）和保母（在宫廷中抚养王侯子女的女妾）没有来到时，"妇人"在夜晚不能离开房间。后来保傅和保母终于没来，伯姬也宁死不肯破坏"妇人"的行为规范，结果被烧死在屋子里。

⑬**高行**：战国时魏国人，寡居，貌美。达官贵人争着要娶她，她一概不答应。后来魏王要聘她，于是自割其鼻毁掉容颜。魏王因此"大其义，高其行"，尊称她为"高行"，故有此名号。见《列女传》十四。

译文

问：据你所说，佛的相貌超凡脱俗，有三十二种显著特征、八十种细微特征，为什么他和平常人相差这么远呢？恐怕是说得动听，并非真有那样的事吧！

牟子说：俗话说得好，少见者多怪，看见骆驼就说是马肿了背。尧的眉毛有八种彩色，舜的眼睛有双重瞳孔，皋陶长着马一样的嘴，周文王有四个乳房，禹的耳朵生着三个耳穴，周公驼背弓腰，伏羲长着龙一样的鼻子，仲尼的头顶是四周高、中间低，老子的额角高高凸起，生有双鼻梁，手心和脚心都长着十种纹路，这不也都和平常人不同吗？对佛的相貌又有什么好怀疑的呢？

问：《孝经》上说，身体、毛发和皮肤，都是父母给的，岂敢毁坏或损伤？曾子临终时仍念念不忘"看看我的手，看看我的脚"。现在沙门却剃掉头发，这是多么不合圣人的训示和孝子的行为规范啊！你一向喜欢辩白是非、评论曲直，怎么反而赞成他们呢？

牟子说：嘲讽圣贤是不仁，评论得不准确是不智，不仁不智，怎能树德？德树不起来，就属于顽固愚蠢一类了，评论是非曲直谈何容易呀！以前有齐国两父子坐船过江，父亲掉进江里，儿子抓住父亲的手臂，揪住父亲的头发，把他的身体倒转过来，使水从口里流出，从而父亲的生命得以复苏。如此地又揪头发又颠倒身体，没有比这更不孝的了，然而这样做可以保全父亲的性命。如果儿子拱着手，按照孝子的规矩去做，这个父亲一定被淹死了。

孔子说，可以一起学到道的人，未必可以一起通权达变。这话的意思就是应当根据实际情况灵活地运用道。《孝经》又说，先王传下了普遍适用的道德规范。而泰伯却留短发、文了身，追随吴国和越国的习俗，违背了圣人关于"身体发肤"的训诫。可是孔子仍然称赞泰伯说："那可以说是品德极崇高了！"仲尼不因他留短发而批评他，由此看来，如果一个人有高尚的道德，可以不纠缠他的小节。

沙门抛弃家财，舍弃妻子，杜绝声色，可以说是谦让到极点了，怎能说沙门的行为是违背圣贤的话、不合乎孝道呢？豫让吞炭成哑，又用漆涂遍全身；聂政剥掉自己脸上的皮；伯姬宁死也不离开起火的房间；高行割掉了鼻子，自毁容颜。有德的人都认为他们勇敢而又侠义，没有谁讥讽他们的自残举动。与这四人相比，沙门剃除须发不是差得远了吗？

原典

问曰：夫福莫逾于继嗣，不孝莫过于无后。沙门弃妻子，捐财货，或终身不娶，何其违福孝之行也？自苦而无奇，自拯而无异矣。

牟子曰：夫长左者必短右，大前者必狭后。孟公绰①为赵魏老则优，不可以为滕、薛大夫。妻子财物，世之余也；清躬无为，道之妙也。《老子》曰："名与身孰亲？身与货孰多？"又曰：观三代之遗风，览乎儒墨之道术，诵《诗》《书》，修礼节，崇仁义，视清洁，乡人传业，名誉洋溢，此中士所施行，恬淡者所不恤。

故前有随珠②，后有虓虎，见之走而不敢取，何也？先其命而后其利也！许由③栖巢木，夷齐④饿首阳⑤，孔圣称其贤曰："求仁得仁者也！"不闻讥其无后无货也。沙门修道德以易游世之乐，反淑贤以贸妻子之欢，是不为奇，孰与为奇？是不为异，孰与为异哉？

问曰：黄帝⑥垂衣裳，制服饰。箕子⑦陈《洪范》⑧，貌为五事⑨首。孔子作《孝经》，服为三德⑩始。又曰："正其衣冠，尊其瞻视。"原宪⑪虽贫，不离华冠。子路⑫遇难，不忘结缨。今沙门剃头发，被赤布，见人无跪起之礼，威仪无盘旋之容止，何其违貌服之制，乖搢绅之饰也！

牟子曰：《老子》云："上德不德，是以有德；下德不失德，是以无德。"三皇之时，食肉衣皮，巢居穴处，以崇质朴，岂复须章黼之冠、曲裘之饰哉？然其人称有德而孰疣，之信而无为。沙门之行，有似之矣。或曰：如子之言，则黄帝、尧、舜、周、孔之俦，弃而不足法也。

牟子曰：夫见博则不迷，听聪则不惑。尧、舜、周、孔，修世事也。佛与老子，无为志也。仲尼栖栖，七十余国。许由闻禅，洗耳于渊。君子之道，或出或处，或默或语，不溢其情，不淫其性，故其道为贵！在乎所用，何弃之有乎！

注释

①**孟公绰**：春秋时鲁国大夫。受到孔子的尊敬（《史记·仲尼弟子列传》）。

②**随珠**：又作隋珠，隋侯之珠。传说中的宝器，与"和氏之璧"并称为"隋和"。隋侯是汉时一姬姓诸侯，相传他救过一条大蛇，大蛇衔珠报答他。故有隋珠之称。

③**许由**：一作许繇，上古高士。相传尧要让位给他，他不愿意接受，隐居于箕山下耕作。后来尧又任他为九州长，他到颖水之滨洗耳，表示不愿意听。

④**夷齐**：即伯夷和叔齐，商末孤竹君的两个儿子，伯夷为长，叔齐为次。孤竹君立次子叔齐为继承人，孤竹君死后，叔齐让位给伯夷，伯夷不受，叔齐也不愿登位，两人先后逃奔到周国。周武王讨伐商王朝时，他们叩马阻拦。武王灭商后，他们耻食周粟，逃进首阳山采薇为食，后来饿死在山中。

⑤**首阳**：山名，即首阳山，一称雷首山。在山西省

永济县南。相传是伯夷和叔齐采薇隐居处。

⑥**黄帝**：传说为中原各族的共同祖先。姬姓，号轩辕氏、有熊氏。少典之子。相传炎帝扰乱各部落，他得到各部落的拥戴，在阪泉（今河北涿鹿东南）打败炎帝，后又在涿鹿击杀作乱的蚩尤，从此成为部落联盟的领袖。传说养蚕、舟车、文字、医学等许多发明创造都始于黄帝时期。

⑦**箕子**：商纣王的诸父，官居太师，封于箕（今山西太谷东北）。纣王暴虐，箕子劝谏，被纣王囚禁。周武王灭商后被释放。

⑧**《洪范》**：《尚书》中的篇名。旧传为箕子向周武王陈述的"天地之大法"，近人疑为战国时的作品。

⑨**五事**：古代帝王修身的五件事。指貌、言、视、听、思。对这五件事的要求是：貌恭，言从，视明，听聪，思睿。

⑩**三德**：指三种品德，随文而异，说法不一。在《孝经》中是指服、言、行。孔子在讲到卿大夫之孝时说：不合乎先王规定的衣服，不穿；不合乎先王规章的话，不说；不合乎先王品行规范的事，不做。具备了这样三种品德，然后才能守家庙。

⑪**原宪**：春秋时鲁国人，一说是宋国人。字子思，也称原思、仲宪。孔子的学生，家境贫穷。有一次子

贡去看望他，他戴着华丽的帽子出来迎接（《庄子·让王》）。

⑫**子路**：春秋时鲁国人，仲氏，名由。字子路，又字季路，孔子的学生。死于卫国的一次动乱中。死前被击断了帽子上的带子，他说：君子死而冠不免，于是系好了帽带而死。见《史记·仲尼弟子列传》。

译文

问：最有福气要算是有继嗣了，最不孝要数没有后代了。沙门抛弃妻子和钱财，或者终身不娶，为何要如此地与获得福气、完成孝道相背离呢？这样自己苦自己没什么了不起，这样自我拯救没什么不寻常。

牟子说：擅长用左手的人一定不擅长用右手，前肢发达的动物一定后肢不发达。孟公绰如果做晋国赵氏或魏氏的家臣，他的才干和能力是足够用的，但是如果让他做滕国或薛国的大夫就不能胜任了。妻子和财物是不值得牵挂的，清纯的灵魂和无为的境界是道的奥妙所在。《老子》说："虚名和身体哪一个更可亲？身体和财物哪一个更重要？"又说：考察夏、商、周三个朝代流传下来的好风气，阅览儒家和墨家的学说，诵读《诗》《书》，研习礼节，崇尚仁义，珍视清洁，使乡人邻里传颂其业绩，名誉洋溢四方，这是道德修养中等水平的人所追求和施行的，而为恬淡寡欲、修养上等的人所不取。

所以当面前有隋侯之珠，身后有咆哮的猛虎时，人们总是逃走而不敢拾取珠宝，这是为什么？因为先要顾惜性命然后才能考虑利益呀！许由在树上筑巢栖身，伯夷和叔齐饿死在首阳山，孔圣人称赞他们的贤德时说："那是追求仁而得到了仁啊！"未听说有谁讥笑他们没有后代、没有钱财。沙门修行道德以代替人世间的游乐，回归到清静素朴的生活方式，以取代与妻子生活的欢娱，这还不算了不起，还有什么更了不起？这还不算不寻常，还有什么更不寻常？

问：黄帝重视服饰，教人们缝制衣裳。箕子讲《洪范》，把容貌摆在"五事"的首位。孔子作《孝经》，认为穿衣服合乎礼仪是"三德"中首要的品德。并且说："穿戴整齐，是对别人的尊重。"原宪虽然贫穷，却总是戴着华丽的帽子。子路在危难中，仍然不忘打好帽带的结。而今沙门剃掉头发，身披红色的袈裟，会见人时不行坐起跪拜之礼，仪容举止呆板木然，为什么如此地违背有关容貌和穿着的规范，不合乎士大夫的服饰呢？

牟子说：《老子》书中讲过："上德不追求形式上的德，因此就是有德；下德死守着形式上的德，因此就是无德。"三皇时代，人们吃兽肉、裹兽皮，住在洞穴里，因此崇尚质朴，哪里还能讲究华丽的衣冠服饰呢？可是人们却称赞那时候的人敦厚而有德性、守信用而无欲望。沙门的行为举止就与此相似。或许有人会说，照你这样讲，像黄帝、尧、舜、周公和孔子一类的圣人不是应当抛弃了吗？不是不足以效法了吗？

牟子说：见闻广博、耳聪目明的人不会迷惑。尧、舜、周公和孔子的志向是治理国家和社会，而佛和老子则志在追求无为。由于志向和追求不同，仲尼恓恓惶惶地奔波于列国之间，而许由听见尧要让天下给他，却跑到河边去洗耳朵。对于有才德的君子来说，他们或者是积极参与世事或者是隐居不出，或者缄口不言或者发表议论，言行有度，不放纵自己的性情，所以他奉行的"道"才可贵呀！不同的学说，适用于不同的方面，哪里是抛弃了尧、舜、周、孔的圣人之道呢？

原典

问曰：佛道言人死当复更生，仆不信此言之审也。

牟子曰：人临死，其家上屋呼之。死已，复呼谁？或曰：呼其魂魄。牟子曰：神还则生，不还，神何之乎？曰：成鬼神。牟子曰：是也，魂神固不灭矣，但身自朽烂耳。身譬如五谷[①]之根叶，魂神如五谷之种实。根叶生必当死，种实岂有终亡，得道身灭耳。《老子》曰："吾所以有大患，以吾有身也。若吾无身，吾有何患？"又曰："功成名遂身退，天之道也。"或曰：为道亦死，不为道亦死，有何异乎？

牟子曰：所谓无一日之善，而问终身之誉者也。有道虽死，神归福堂。为恶既死，神当其殃。愚夫暗于成事，贤智预于未萌。道与不道，如金比草；善之与恶，如白方黑。焉得不异，而言何异乎？

问曰：孔子云："未能事人，焉能事鬼？未知生，焉知死？"此圣人之所纪也。今佛家辄说生死之事、鬼神之务，此殆非圣哲之语也。夫履道者，当虚无澹泊，归志质朴，何为乃道生死以乱志，说鬼神之余事乎？

牟子曰：若子之言，所谓见外未识内者也。孔子疾子路不问本末，以此抑之耳。

《孝经》曰："为之宗庙，以鬼享之；春秋祭祀，以时思之。"又曰："生事爱敬，死事哀戚。"岂不教人事鬼神、知生死哉？周公为武王[②]请命曰："旦多才多艺，能事鬼神。"夫何为也？佛经所说生死之趣，非此类乎？

《老子》曰："既知其子，复守其母，没身不殆。"又曰："用其光复其明，无遗身殃。"此道生死之所趣，吉凶之所住。至道之要，实贵寂寞。佛家岂好言乎？来问不得不对耳。钟鼓岂有自鸣者？桴加而有声矣。

问曰：孔子曰："夷狄③之有君，不如诸夏④之亡也。"孟子讥陈相⑤更学许行⑥之术，曰："吾闻用夏变夷，未闻用夷变夏者也。"吾子弱冠学尧、舜、周、孔之道，而今舍之，更学夷狄之术，不已惑乎？

牟子曰：此吾未解大道时之余语耳！若子可谓见礼制之华，而暗道德之实。窥炬烛之明，未睹天庭之日也。孔子所言，矫世法矣。孟轲所云，疾专一耳。昔孔子欲居九夷⑦曰："君子居之，何陋之有？"及仲尼不容于鲁卫，孟轲不用于齐梁，岂复仕于夷狄乎？禹出西羌⑧而圣哲，瞽叟⑨生舜而顽嚚，由余⑩产狄国而霸秦，管蔡⑪自河洛⑫而流言。

传曰：北辰之星，在天之中，在人之北。以此观之，汉地未必为天中也。佛经所说，上下周极含血之类物，皆属佛焉。是以吾复尊而学之，何为当舍尧舜周孔之道？金玉不相伤，精魄（一作珀）不相妨，谓人为惑时，自惑乎！

问曰：盖以父之财乞路人，不可谓惠。二亲尚存，杀己代人，不可谓仁。今佛经云："太子须大拏⑬，以父之财，施与远人。国之宝象，以赐怨家。妻子匃与他人。"不敬其亲而敬他人者，谓之悖礼；不爱其亲而爱他人，谓之悖德。须大挐不孝不仁，而佛家尊之，岂不异哉？

牟子曰：五经之义，立嫡以长。"太王⑭"见昌⑮之志，转季为嫡，遂成周业，以致太平。娶妻之义，必告父母。舜不告而娶，以成大伦。贞士须聘请，贤臣待征召。伊尹⑯负鼎干汤⑰，宁戚⑱叩角要齐，汤以致王，齐以之霸。礼，男女不亲授。嫂溺则援之以手，权其急也。苟见其大，不拘于小，大人岂拘常也？

须大挐睹世之无常，财货非己宝，故恣意布施，以成大道。父国受其祚，怨家不得入，至于成佛，父母兄弟皆得度世。是不为孝，是不为仁，孰为仁孝哉？

注释

①**五谷**：五种谷物，说法不一，通常指稻、黍、稷、麦、菽。也泛指谷物。

②**武王**：即周武王姬发，周文王的儿子。灭商，成为西周王朝的建立者。武王灭商二年后病重，周公欲代武王死，为此向周人先祖请命，说："旦多才多艺，能事鬼神。"见《史记·鲁周公世家》。

③**夷狄**：中国古代称东方民族为"夷"，北方民族为"狄"。这里泛指四方民族。

④**夏**：古代汉族自称，也称华夏、诸夏。又指中国或中国人。

⑤**陈相**：战国时有楚人陈良，学周公、孔子之道，从学者中有陈相。后陈相遇到许行，尽弃前学，改学许行之术（《孟子·滕文公上》）。

⑥**许行**：战国时楚国人。曾与其弟子数十人去见滕文公，陈说"神农之术"。主张君民并耕，自食其力。

⑦**九夷**：古时称东夷有九种。指东方的九个民族。

⑧**西羌**：羌，古族名，主要分布在今甘、青、川一带。西汉时对羌人泛称为西羌。东汉时羌人的一支内徙，因住地偏西，也称西羌。

⑨**瞽叟**：舜的父亲。瞽，瞎眼。《史记·五帝本纪》中说：舜，"盲者子"。一说是舜父有目不能分别好恶，所以当时的人谓之瞽。

⑩**由余**：其祖上是晋人，亡入戎。奉使命至秦见秦穆公，穆公以女乐赠戎王，戎王为女乐所迷。由余数谏不听，于是逃亡入秦。秦用由余的计谋伐戎，得以称霸西戎。见《史记·秦本纪》。

⑪**管蔡**：即管叔鲜和蔡叔度，周武王的弟弟。武王去世，其子成王年幼，由周公旦摄政。管叔和蔡叔不服，造流言说周公将不利于成王，与武庚一起叛乱。周公平定叛乱后，管叔被杀死（一说为自杀），蔡叔被放逐。

⑫**河洛**：黄河与洛水。也指这两条河之间的地区。武王灭商后，封管叔鲜于"管"（今河南郑州），封蔡叔度于"蔡"（今河南上蔡西南）。两地都在河洛地区，故说"管蔡自河洛而流言"。

⑬**须大拏**：即悉达多（梵文 Siddhārtha），释迦牟尼出家前的本名。全名为"萨婆悉达多"。

⑭**太王**：即周太王，名古公亶父。古代周族的领袖，周文王姬昌的祖父。太王有长子太伯、次子虞仲、幼子季历。季历是姬昌的父亲。太王认为姬昌有志向，欲立季历以传姬昌，于是太伯和虞仲出走，以让季历。周武王继位后，追尊古公亶父为太王。见《史记·周本纪》。

⑮**昌**：即周文王姬昌。

⑯**伊尹**：商初大臣，名伊，尹是官名。一说名挚。出身奴隶，后被任以国政，成为成汤的辅臣。据说他曾背着锅和切肉用的砧板，向成汤陈说治世的道理，以求取重用。后来成汤选拔他执政。

⑰**汤**：成汤，又称天乙，商王朝的建立者。

⑱**宁戚**：春秋时卫国人。家贫，替人赶牛车。至齐国，在车边喂牛，适值齐桓公到郊外迎客，宁戚敲着牛角而悲歌："南山矸（白净的石头），白石烂，生不遭尧与舜禅，短布单衣适至骭（小腿），从昏饭（喂）

牛薄夜半，长夜漫漫何时旦？"桓公听到后，认为他是个人才，于是予以重用。见《史记·邹阳传》《淮南子·道应》。

译文

问：按照佛家的说法，人死后还能复生。我不相信真有这样的事。

牟子说：一个人刚刚死去的时候，他家里的人就会到屋顶上呼叫他的名字。人已经死了还呼唤谁呢？人们会说：这是在叫他的魂魄。牟子说：神魂如果回来，人就会复生，如果神魂不回来，它又去了哪里呢？人们会说：那是变成了鬼神。牟子说：这就是了。神魂是不会死的，只是身体会朽烂。身体好比五谷的根叶，神魂好比五谷的种子。根叶长到一定时候必然会死去，种子却不会灭绝。根叶死，种子存，人得了道也是这样，身体虽然死去，但是精神仍然存在。《老子》说："我所以有大忧患，是因为我有身体。如果我没有身体，我还有什么可忧虑的呢？"又说："功成名就以后就适可而止，退身出来，这是自然合理的。"有人或许会说：追求道会死，不追求道也会死，又有什么区别呢？

牟子说：这样看问题，可以说是没有做过一天善事的人，却企求终身都有名誉。得到了道的人虽然也难免一死，但是死后他们的魂神将归于福堂。而为非作恶的人死了以后，他们的魂神必定遭受祸殃。愚蠢的人对已经发生的事也是一无所知，聪明的人对尚未发生的事也能做出预见。掌握了道与没有掌握道相比，就好像一个是黄金一个是草芥；善行与恶行相比，就好像一个是光明一个是黑暗。怎么能说是没有区别呢？

问：孔子说："人还不能事奉好，怎么能够侍奉鬼呢？生的道理还没弄明白，怎么能够懂得死呢？"这是圣人所说的话呀！而佛家却喜欢大谈生死和鬼神，这几乎是在否定圣哲的话了。按说，修道的人应当虚无澹泊，归于质朴，为什么佛家却谈论生死问题以至于迷失了志向，又大谈那些本不该谈论的鬼神之事呢？

牟子说：你说出这样的话，正所谓只看到表面而不了解实质，只知其一不知其二了。孔子对子路遇到事情分不清本末主次这一点不满，所以才在子路向他请教怎样侍奉鬼神时，做出"人还不能侍奉好，怎么能够侍奉鬼"的回答，以此提醒和批评子路。

《孝经》说："设立宗庙，按侍奉鬼的礼节祭祀先人；四季祭祀，按时追思去世的亲人。"又说："先人活着时要爱敬他们，死了以后要对他们表示哀戚。"这难道不是让人们侍奉鬼神，了解生死吗？周武王病重，周公想代替武王去死，为此向周朝的先王请命时说："我姬旦多才多艺，能侍奉鬼神。"这又是什么意思呢？不也是在讲知生死、侍鬼神吗？佛经上关于生死的谈论，难道不属于这一类吗？

《老子》说："已经掌握了天下万物，又坚守着天下万物的根本，就一辈子没有危险了。"又说："运用道所内蕴的光，洞察事物的细微和幽远，就不会给自己带来祸殃。"这也是在谈论生和死的旨趣、吉和凶的所在。道的精髓，在于崇尚清寂无为。佛家难道是爱发议论的吗？只不过是有人提出问题，不得不回答而已。钟和鼓哪有自己鸣响的呢？钟槌和鼓槌敲击它才发出声音啊！

问：孔子说："野蛮落后的国家有君主而不讲礼节，还不如中国没有君主而讲礼节呢！"孟子讥笑陈相抛弃先前所学而改学许行的"神农"之术时说："我只听说过用中国的典章制度改变野蛮落后的国家，没听说过用野蛮落后国家的制度来改变中国的。"你从小就学习尧、舜、周公和孔子的道德和学说，现在却抛弃了它们，反倒去学习落后国家的一套，不是已经迷失方向了吗？

牟子说：这很像是我懂得佛道以前所说的话呀！像你这样可以说是只看到礼制的外表，而未理解道德的实质，只看到火炬、蜡烛的微光，没见过太阳的巨大光芒。孔子说那些话，目的是要矫正社会的法度。孟轲那样说，是忧虑人们只是片面地学习某一种学问。以前孔子想到九夷去居住，曾经说："君子住到那里去，那里还有什么落后呢？"当仲尼不被鲁国和卫国所收留，孟轲不被齐国和梁国所重用的时候，难道他们没有到夷狄之地去做官吗？禹虽然到过西羌，但并不影响他成为圣哲；瞽叟虽然生了像舜这样的圣人，但他仍然是愚妄的；由余出生于狄国却能帮助秦国在狄国称霸；管叔鲜和蔡叔度虽然是周朝王室中的人，但是却散布周公的流言蜚语。

据说，北极星在天的中央，在人类居住地的北边。由此看来，汉朝所辖的地域不一定居于天地的中心。根据佛经所说，上下左右、四面八方，凡是血肉动物，都涵盖在佛的教法中，所以我才又开始敬佛并且学习佛经，这并不意味着尧、舜、周、孔之道就应当舍弃呀！金和玉不会相互抵触，水精（晶）和琥珀不会相互妨碍，你说别人迷惑的时候，其实是你自己迷惑了。

问：用父亲的钱财去施舍人，不能算是宽厚爱人。双亲还健在时，代替别人去死，也称不上是仁者。而佛经上说："太子须大拏，把他父亲的资财施舍给不相干的陌生人，把国家的宝象赐给自己的仇家，妻子也送给了别人。"不孝敬自己的双亲而孝敬其他人，叫作悖礼；不爱自己的亲人而爱旁人，叫作悖德。须大拏不孝不仁，而佛家却尊敬他，这不是很叫人惊讶吗？

牟子说：根据五经上的说法，应当册立正妻所生的长子为王位继承人。但是，周王朝的先祖"太王"因看到姬昌有大志，就把本来是小儿子的季历（姬昌之父）转立为嫡长子，以使姬昌能接续王位。后来果然由姬昌完成了建立周王朝的大业，平定了天下。按照五经，娶妻必须报告父母。而舜却不告诉父母就娶了妻，但是他也修成了高尚的道德。高人雅士需要聘请，能人贤臣有待选拔。伊尹背着锅向成汤陈说治世的学问，得到成汤的重用；宁戚敲击牛角而唱歌，抒发胸中的见识，得以成为齐桓公的重臣。由于得到这二人的辅佐，成汤因此而称王，齐国因此而成就霸业。按照"礼"的要求，男女之间不能接触，但是当嫂子溺水时则要援手相救，因为事情紧急呀！如果从大处着眼，就会不拘泥于小节，道德高尚的人怎能拘于常法呢？

须大拏不是以平常世俗的眼光看待世事，认为财货并非是个人私有的，所以随意布施，以实践至高无上的道。从而他父王的国家得到福佑，与他有仇怨的人无从挑剔，他最终得以成佛，父母兄弟也得到度脱。若说这不是孝、这不是仁，那么，什么是孝，什么是仁呢？

原典

问曰：佛道崇无为，乐施与，持戒兢兢，如临深渊者。今沙门耽好酒浆，或畜妻子，取贱卖贵，专行诈绐（一作诡），此乃世之伪，而佛道谓之无为邪？

牟子曰：工输①能与人斧斤绳墨，而不能使人巧；圣人能授人道，不能使人履而行之也；皋陶能罪盗人，不能使贪夫为夷齐；五刑②能诛无状，不能使恶人为曾③闵④。尧不能化丹朱⑤，周公不能训管蔡。岂唐教之不着、周道之不备哉？然无如恶人何也。

譬之世人学通七经而迷于财色，可谓六艺⑥之邪淫乎？河伯⑦虽神，不能溺陆地人；飘风虽疾，不能使湛水扬尘。当患人不能行，岂可谓佛道有恶乎？

问曰：孔子称："奢则不逊，俭则固，与其不逊也，宁固。"叔孙⑧曰："俭者德之恭，侈者恶之大也。"今佛家以空财布施为名，尽货与人为贵，岂有福哉？

牟子曰：彼一时也，此一时也。仲尼之言，疾奢而无礼。叔孙之论，刺严公⑨之刻楹，非禁布施也。舜耕历山⑩，恩不及州里；太公屠牛，惠不逮妻子。及其见用，恩流八荒，惠施四海。饶财多货，贵其能与；贫困屡空，贵其履道。许由不贪四海，伯夷不甘其国，虞卿⑪捐万户之封，救穷人之急，各其志也。

僖负羁⑫以一餐之惠，全其所居之闾；宣孟⑬以一饭之故，活其不赀之躯。阴施出于不意，阳报皎如白日。况倾家财，发善意，其功德巍巍如嵩泰，悠悠如江海矣！怀善者应之以祚，挟恶者报之以殃。未有种稻而得麦，施祸而获福者也。

注释

①工输：即公输班，春秋时鲁国人，古代著名的工匠。又称公输般，俗称鲁班。

②五刑：中国古代的五种刑罚。商周时期指墨刑、劓刑、剕刑、宫刑、大辟。隋以后指笞刑、杖刑、徒刑、流刑、死刑。

③曾：即曾参。

④闵：即闵子骞，春秋时鲁国人，名损。孔子的学生，在孔门中以德行高尚著称。

⑤丹朱：传说为尧的儿子，名朱，因居于丹水，故称丹朱。傲慢荒淫。尧因其不肖，因而传位于舜。

⑥六艺：即六经，指《礼》《乐》《书》《诗》《易》《春秋》。古代学校所教授的礼、乐、射、御、书、数也称六艺。

⑦河伯：古代神话中的黄河水神。又叫冯夷。

⑧**叔孙**：鲁桓公之孙，叔牙之子。名兹。

⑨**严公**：即鲁庄公。这里称严公，是为了避汉明帝刘庄的讳。春秋鲁庄公二十四年（公元前六七〇年）三月，庄公刻桓宫桷，也就是雕刻宫殿屋檐的方形椽子。叔孙为此进谏，认为这样做过于奢侈。"严公刻桷"指的就是这件事。

⑩**历山**：山名。相传舜曾在历山耕作。处所甚多，山东、山西、河南、河北等地都有历山，并且都流传说是舜的耕作之地。

⑪**虞卿**：战国时人，善于游说。因进说赵孝成王，被任为上卿，后又得封一城。当时魏相魏齐与秦应侯有仇，秦国急欲得到魏齐。魏齐求助于虞卿，虞卿为解救魏齐，放弃了官位和封地，与魏齐悄悄出走。见《史记·虞卿传》。

⑫**僖负羁**：春秋时曹国人。晋国公子重耳避难到曹国时，曹恭公听说重耳的胁骨是连在一起成为一块骨头的，就很不礼貌地观看重耳洗澡。僖负羁的妻子对僖负羁说：我看晋公子周围的人一定能帮助他得到国家，他登上王位后一定会因为曹恭公的无礼而讨伐曹国。你应当亲近晋公子，向他表示敬意。于是僖负羁就送饭给重耳，重耳接受了。后来果然重耳即位，举兵讨伐曹国。由于重耳受过僖负羁一饭之恩，就传令军队不得侵犯僖

负羁和他的邻里。曹国人听说后，纷纷投奔僖负羁，于是保全了七百多家。见《左传·僖公二十三年》《韩非子·十过》。

⑬**宣孟**：即赵宣子，名盾。春秋时晋国人，赵衰之子。在晋襄公时任中军元帅，执掌国政。后来晋灵公要杀他，就请他喝酒，暗暗埋伏下了甲兵。这时一个名叫灵辄的甲士反戈一击，帮助赵盾逃脱了。赵盾问他为什么要出手援助，灵辄说，我就是当年那个饥饿的人啊。以前赵盾曾在桑阴居住，碰到已经饿了三天的灵辄，就拿饭给他吃，并送饭食给灵辄的母亲。灵辄感戴赵盾的恩德，才有了保护赵盾逃脱的事。见《左传·宣公二年》。

译文

问：佛道崇尚无为，乐于施舍，遵守戒律小心翼翼，如临深渊。而沙门却沉迷于酒浆，或者畜养妻子，贱买贵卖，专做那些欺蒙哄骗的事情，这乃是世间的恶劣勾当，难道佛道把这叫作无为吗？

牟子说：公输班能给人斧头和绳墨，但是不能使人成为能工巧匠；圣人能够向人们传授道，但不能保证人们一定遵循道来行动；皋陶能把盗贼治罪，但不能使贪婪者成为像伯夷和叔齐那样谦让的人；五刑能诛灭罪不可言的恶棍，但不能使恶人变成曾子和闵子那样的贤者。尧不能感化丹朱，周公不能训导管叔鲜和蔡叔度，并不是唐尧的教导无方，也不是周代的典章制度不完善啊！然而用在恶人身上是不会有效果的。

这就好比世上的人学通了七经却仍然沉迷在财色之中，能够因此就说六艺是淫邪的吗？河伯虽然神通广大，但是他不能淹死在陆地上的人；狂风虽然迅疾，但是它不能使清湛的水面扬起灰尘。应当忧虑的是人们不遵守、不施行佛道，怎么能说是佛道本身包含邪恶呢？

问：孔子说："奢侈就显得不谦逊，俭朴就显得寒伧，与其不谦逊，宁可寒伧。"叔孙说："俭朴是奉行德的表现，奢侈是很丑恶的行为。"而佛家认为，尽散家财广为布施是一种光荣，把财货都送给别人是崇高行为。这样做怎么能有福气呢？

牟子说：彼一时此一时啊！仲尼说这些话，是对那种奢侈而又礼节失度的做法表示不满。叔孙发这样的议论，是指责鲁庄公大肆铺张、雕刻厅堂前的柱子那件事，并不是主张禁布施。舜在历山耕田度日的时候，即使是他的乡亲邻里，也得不到他的恩惠；姜太公靠宰牛过活的时候，连他的妻子都照顾不了。可是在他们被起用以后，其恩泽遍及四面八方。有丰富的资财，贵在能施舍帮助别人；经常处于贫困中的人，贵在能遵循道德。许由不贪图占有天下，伯夷不贪求继承王位，虞卿为了帮助面临危难的人，甘愿放弃高官和封地，这是人各有志啊！

僖负羁当年赠送饭食的举动，使所有的街坊在后来的战乱中得到保全；宣孟当年施舍饭菜给一个饥饿的人，使自己在以后身处险境时得以逃脱。无意中的小小施舍，尚且得到感恩戴德的厚重回报，更何况佛家倾尽家财，广施善心呢？其功德不是比嵩山、泰山还高，比大江、大海还深吗？心怀善意的会得到善报，心存恶念的会得到恶报。没有种下稻子却收获麦子的，没有做坏事而得到幸福的。

原典

问曰：夫事莫过于诚，说莫过于实。老子除华饰之辞，崇质朴之语。佛经说不指其事，徒广取譬喻。譬喻，非道之要。合异为同，非事之妙。虽辞多语博，犹玉屑一车，不以为宝矣。

牟子曰：事尝共见者，可说以实。一人见一人不见者，难与诚言也。昔人未见麟，问尝见者："麟何类乎？"见者曰："麟如麟也。"问者曰："若吾尝见麟，则不问子矣。而云麟如麟，宁可解哉？"见者曰："麟，麇身、牛尾、鹿啼、马背。"问者霍解。孔子曰："人不知而不愠，不亦君子乎？"

《老子》云："天地之间，其犹橐籥乎？"又曰："譬道于天下，犹川谷与江海。"岂复华饰乎！《论语》^①曰："为政以德，譬如北辰。"引天以比人也。子夏^②曰："譬诸草木^③，区以别之矣。"《诗》之三百，牵物合类，自诸子谶纬、圣人秘要，莫不引譬取喻，子独恶佛说经牵譬喻邪？

问曰：人之处世，莫不好富贵而恶贫贱，乐欢逸而惮劳倦。黄帝养性，以五肴为上。孔子云："食不厌精，脍不厌细。"今沙门被赤布，日一食，闭六情，自毕于世。若兹，何聊之有？

牟子曰：富与贵是人所欲，不以其道得之，不处也；贫与贱是人之所恶，不以其道得^④之，不去也。《老子》曰："五色令人目盲，五音^⑤令人耳聋，五味令人口爽，驰骋畋猎令人心发狂，难得之货令人行妨。圣人为腹不为目。"此言岂虚哉？

柳下惠^⑥不以三公之位易其行，段干木^⑦不以其身易魏文^⑧之富。许由、巢父^⑨栖木而居，自谓安于帝宇。夷齐饿于首阳，自谓饱于文武。盖各得其志而已，何不聊之有乎？

问曰：若佛经深妙靡丽，子胡不谈之于朝廷，论之于君父，修之于闺门，接之于朋友？何复学经传、读诸子乎？

牟子曰：子未达其源而问其流也。夫陈俎豆于垒门，建旌旗于朝堂，衣狐裘以当蕤宾，被絺绤以御黄钟，非不丽也，乖其处、非其时也。故持孔子之术入商鞅⑩之门，赍孟轲之说诣苏⑪张⑫之庭，功无分寸，过有丈尺矣。

《老子》曰："上士闻道，勤而行之；中士闻道，若存若亡；下士闻道，大而笑之。"吾惧大笑，故不为谈也。渴不必待江河而饮，井泉之水何所不饱，是以复治经传耳。

注释

①**《论语》**：书名，儒家经典之一。孔子的弟子及再传弟子关于孔子言行的记录。

②**子夏**：卜氏，名商。春秋时卫国人，孔子的学生。

③**譬诸草木**：此语出自《论语·子张》。子夏说，草木有大小，学问有深浅，哪一项先传授给弟子，哪一项后进行教诲，应该像对待草木那样加以区别。

④**得**：应是"去"之误。

⑤**五音**：又称五声，即中国五声音阶中的宫、商、角、徵、羽。

⑥**柳下惠**：即展禽。春秋时鲁国大夫。展氏，名获，字禽。封地在柳下，谥号为惠。

⑦**段干木**：姓段干，名木。战国初年魏国人。原为市侩，后求学于子夏，成为贤士。魏文侯给他爵禄官职，他不接受。

⑧**魏文**：即魏文侯，名斯。战国时魏国的建立者。

⑨**巢父**：古代隐士。相传因巢居树上而得名。尧要让位给他，他不接受。

⑩**商鞅**：战国时政治家。卫国人，后入秦国。公孙氏，名鞅，又称卫鞅。

⑪**苏**：即苏秦。战国时东周洛阳（今河南洛阳东）人，字季子。纵横家。

⑫**张**：即张仪。战国时魏国贵族后代。秦惠文君十年（公元前三二八年）任秦相。纵横家。

译文

问：做事最讲究真诚，说话最讲究真实。老子摒除华丽的词藻，崇尚质朴的语言。而佛经上的言词却不具体指称什么事物，只是广泛地进行比喻。运用比喻谈经论道，并不能阐明道的根本内容。把不同的东西作为同类进行类比，对于说明道理没有什么益处。广泛比喻虽然听起来言词丰富，但是就像一车玉屑一样，华而不实，算不上真正的珠宝。

牟子说：如果两个人都见过某物，那么其中一个就可以直接对另一个说明该物的真实面貌。而在一个人见过某物，另一个人却没见过的情况下，就很难说得让他相信了。以前有人没见过麟，就问曾经见过的人："麟是什么样子的？"见过的人说："麟就像麟。"问的人说："如果我曾经见过麟，就不会问你了。而你却回答麟像麟，难道这样可以解释清楚吗？"见过麟的人说："麟长着麠一样的身子、牛一样的尾巴、鹿一样的蹄子、马一样的背。"问的人听了这一回答，立刻就懂了。孔子说："不因为别人不了解自己而不高兴，不也是有修养的君子吗？"

《老子》书里说："天地之间，不正像风箱一样吗？"又说："天下万物都归于道，正如所有的小河流都归入大海一样。"这些话岂不也是华丽的修饰吗？《论语》说："国君用道德来治理国家，也就会像北极星一般（被众星环绕）。"这是援引天上的现象来比喻人间的事情。子夏也说过："（学术）犹如草木，应该区别对待。"再看《诗经》三百篇，把不同种类的事物牵连在一起，从各学派的纤纬之说，到圣人的秘事要闻，没有不引譬取喻的，你为什么单单指责佛在说经时使用比喻呢？

问：人活在世上，都是爱富贵而嫌贫贱、贪享乐而怕劳苦的。黄帝保养身体、涵养性情，以吃五味荤菜为主。孔子说："粮食不怕舂得精，鱼和肉不怕切得细。"而沙门身披袈裟，每天只吃一餐，放弃了各种情欲，与世隔绝。像这样生活还有什么寄托呢？

牟子说：发财和做官是人人向往的，但是，不通过正当途径去获得它，君子就不接受；贫穷和下贱是人人厌恶的，但是，不经过正当的努力去摆脱它，君子就宁可不摆脱。"《老子》说："缤纷的色彩使人目盲，动听的音乐使人耳聋，丰美的食品使人口伤，驰马打猎使人心发狂，稀有的物品使人去偷去抢。圣人只求温饱，不追求耳目之娱。"这话难道是虚妄的吗？

柳下惠不为高官厚爵所诱惑而改变自己的品行，段干木为了名节，不接受魏文侯给他的爵禄官职。许由、巢父在树上栖身，自己觉得比住在帝王的宫殿里还舒适。伯夷、叔齐在首阳山上挨饿，自认为还要饱过周文王和周武王。这是因为他们都实现了自己的志向，哪里会没有寄托呢？

问：假如佛经真的是深妙绝伦，你为什么不到朝廷上去演讲，说给君王听呢？为什么不促使宫廷内外都学习它，让群臣都接受呢？还学儒家经传和其他各派的学说做什么？

牟子说：你不了解根本，只知道一些皮毛，所以才会提出这样的问题。把祭祀用的器皿陈列在军营的大门旁边，把各种旗帜树立在朝廷的宫殿之上，穿起狐皮大衣来抵挡夏天的暑热，披上葛布夏衫来抵御冬天的寒冷，这并非不漂亮，然而摆的不是地方，穿的不是时候啊！所以信奉孔子学说的人投到商鞅的门下，持有孟轲观点的人去拜投苏秦和张仪，不仅不能建立一点儿功劳，反而会承担很大的过失。

《老子》说："资质优秀的上等之士听见了道，就努力去实行；资质平常的中等之士听见了道，会将信将疑；资质浅薄的下等之士听见了道，会因无知而大笑。"我怕听到这种大笑，所以不同这样的人谈论道。干渴时不必非要到江河中饮水，井水泉水也都可以解渴，所以我才又研习儒家经传啊！

原典

问曰：汉地始闻佛道，其所从出邪？

牟子曰：昔孝明皇帝[①]梦见神人，身有日光，飞在殿前，欣然悦之。明日，博问群臣："此为何神？"有通人傅毅曰："臣闻天竺有得道者，号之曰佛，飞行虚空，身有日光，殆将其神也。"于是上悟，遣使者张骞、羽林郎中秦景、博士弟子王遵等十二人，于大月支②写佛经四十二章，藏在兰台石室③第十四间。

时于洛阳城西雍门外起佛寺，于其壁画千乘万骑，绕塔三匝，又于南宫④清凉台，及开阳⑤城门上作佛像。明帝存时，预修造寿陵，陵曰"显节"，亦于其上作佛图像。时国丰民宁，远夷慕义，学者由此（而滋）。

问曰：《老子》云："知者不言，言者不知。"又曰："大辩若讷，大巧若拙。"君子耻言过行。设沙门有至道，奚不坐而行之，何复谈是非、论曲直乎？仆以为此德行之贱也。

牟子曰：来春当大饥，今秋不食，黄钟应寒，葰宾重裘，备预虽早，不免于愚。老子所云，谓得道者耳，未得道者何知之有乎？大道一言而天下悦，岂非大辩乎？老子不云乎？"功遂身退，天之道也"。身既退矣，又何言哉？今之沙门，未及得道，何得不言？老氏亦犹言也，如其无言，《五千》何述焉？若知而不言，可也。既不能知，又不能言，愚人也。

故能言不能行，国之师也；能行不能言，国之用也；能行能言，国之宝也。三品各有所施，何德之贱乎？唯不能言又不能行，是谓贱也。

问曰：如子之言，徒当学辩达、修言论，岂复治情性、履道德乎？

牟子曰：何难悟之甚乎！夫言语谈论，各有时也。璩瑗⑥曰："国有道则直，国无道则卷而怀之。"宁武子⑦曰："国有道则智，国无道则愚。"孔子曰："可与言而不与言，失人；不可与言而与言，失言。"故智愚自有时，谈论各有意，何为当言论而不行哉？

问曰：子云佛道至尊至快，无为澹泊。世人学士多讥毁之，云其辞说廓落难用，虚无难信，何乎？

牟子曰：至味不合于众口，大音不比于众耳。作"咸池⑧"，设"大章"，发"箫韶⑨"，咏"九成"，莫之和也。张郑卫之弦，歌时俗之音，必不期而拊手也。故宋玉⑩云："客歌于郢⑪，为下里之曲，和者千人。引商征角，众莫之应。"此皆悦邪声，不晓于大度者也。

韩非⑫以管窥之见而谤尧舜，接舆⑬以毛牦之分而刺仲尼，皆耽小而忽大者也。夫闻清商而谓之角，非弹弦之过，听者之不聪矣。见和璧⑭而名之石，非璧之贱也，视者之不明矣。神蛇能断而复续，不能使人不断也。灵龟发梦于宋元，不能免豫且⑮之网。

大道无为，非俗所见。不为誉者贵，不为毁者贱。用不用自天也，行不行乃时也，信不信其命也。

问曰：吾子以经传理佛之说，其辞富而义显，其文炽而说美，得无非其诚，是子之辨也。

牟子曰：非吾辨也，见博故不惑耳。

问曰：见博其有术乎？

牟子曰：由佛经也。吾未解佛经之时，惑甚于子！虽诵五经，适以为华，未成实矣。吾既睹佛经之说，览《老子》之要，守恬淡之性，观无为之行。还视世事，犹临天井⑯而窥溪谷，登嵩岱而见丘垤矣。五经则五味，佛道则五谷矣。吾自闻道已来，如开云见白日，炬火入冥室焉。

注释

①**孝明皇帝**：即汉明帝。

②**大月支**：即大月氏。月氏是古族名，原居于今甘肃敦煌市与青海祁连县之间，汉文帝时大部西迁至今伊犁河上游，称大月氏。余部进入祁连山区，称小月氏。

③**兰台石室**：汉代宫庭藏书处。

④**南宫**：秦汉时的宫殿名，在洛阳。

⑤**开阳**：东汉时洛阳城门名。

⑥**璩瑗**：即蘧伯玉，名瑗。春秋时卫国大夫。此处所引璩瑗语，见《论语·卫灵公》。

⑦**宁武子**：春秋时卫国大夫，名俞。是孔子所称赞的人（《论语·公冶长》）。

⑧**咸池**：周代"六舞"之一。相传为黄帝时的乐曲，一说为尧时乐曲。《庄子·天下》说："黄帝有咸池，尧有大章，舜有大韶，禹有大夏，汤有大濩。"

⑨**箫韶**：即大韶，周代六舞之一。相传是舜时的乐舞。有箫韶"九成"一说，九成相当于九章。

⑩**宋玉**：战国时楚国人，辞赋家。后于屈原，或称屈原的弟子。

⑪**郢**：春秋战国时楚国的别邑。故址在今湖北江陵西北。

⑫**韩非**：战国末期哲学家，法家主要代表人物。出身韩国，后入秦国。著作有《韩非子》。在该书《忠孝》篇中，发表了对尧、舜的不同看法。

⑬**接舆**：春秋时的隐士，楚国人。他佯狂不仕，故又称楚狂。他一面走过孔子的车子，一面唱歌讽刺孔子（《论语·微子》）。一说接舆既非姓又非名，只因他迎着孔子乘的车走过去，故称接舆。《神仙传》中则说他姓陆名通，字接舆。

⑭**和璧**：即和氏之璧。因楚国人和氏从山中得到它，而称为和氏璧。见《韩非子·和氏》。

⑮**豫且**：又作余且。古代传说中的打渔人。《史

经 典　083

记·龟策传》载："宋元王二年，神龟至泉阳，被渔人豫且网到，置于笼中。半夜时，龟托梦于宋元王求救。"

⑯天井：指四周为山、中间低洼之地。

译文

问：中国最初是怎么听说有佛道的呢？

牟子说：昔日孝明皇帝梦见一个神人，神人身上放射出太阳一般的金光，飞到了大殿上，孝明皇帝感到非常愉悦。第二天，遍问群臣："这是什么神？"有个博览古今、名叫傅毅的人回答道："臣下听说天竺国有个领悟了道的人，叫作佛，能在空中飞行，身上披着金光，大概就是这个神了。"于是孝明皇帝恍然大悟，随即派遣使者张骞、羽林郎中秦景、博士弟子王遵等十二人，到大月支国抄写佛经四十二章，后来收藏在兰台石室的第十四间内。

同时在洛阳城西的雍门外建造佛寺，佛寺的墙壁上画着万千车马，足足绕塔三周，又在南宫清凉台，以及开阳城门上画了佛像。孝明皇帝在世时，预先修造寿陵，陵的名称叫作"显节"，在寿陵上也画了佛像。当时国泰民安，远方的野蛮部落无不仰慕汉朝的威仪，学习佛道的人也由此而多起来。

问：《老子》中讲过："懂得的不说，说的不懂得。"又说："最善辩的好似言语迟钝，最灵巧的好似笨拙。"君子以所说的超过所做的为耻。假如沙门掌握了至高无上的道，怎么不守定它、贯彻它，何必又辩论是非、评论曲直呢？我认为这是德行浅薄的表现。

牟子说：来年春天闹饥荒，今年秋天就不吃粮，为了应付十一月仲冬的寒冷，在五月仲夏就穿起皮衣裳，预备得固然是很早了，但是不免过于迂腐。老子说的那些话，都是针对已经体解道的人而言的，尚未体解道的人怎么能算是"知者"呢？他们又知道什么呢？道的要义一经说出来，普天下都会心悦诚服，这岂不正是"最善辩"吗？难道老子他就不发议论吗？他说："事业成功以后就退身出来，这才是合乎自然的。"既然已经身退，又何必再"说"呢？而当今的沙门，还未达到掌握道的程度，怎么就不能"说"呢？老子也是发议论的，如果他不言不语，《老子五千文》又如何能阐述出来？倘若是懂得而不说，那是可以的。如果既不懂得又不会说，就是愚蠢的了。

所以说，善于说而不善于做的是国家中授业解惑的人才；善于做而不善于说的是实干型的人才；善于做又善于说的，就堪称国宝了。这三种品位的人才各有特长、各有其所，"德行浅薄"的话从何谈起呢？唯有那种既不善于说又不善于做的人，才可以说是德行浅薄的。

问：照你这样讲，只学习论辩之术、研究说话修辞的学问就行了，怎么又需要陶冶性情、修行道德呢？

牟子说：你的领悟能力怎么这样差呀！什么时候该说，什么时候不该说，谈论什么，不谈论什么，这都要根据具体的时间和环境而定啊！蘧瑗说："国家政治清明就像箭一样直，国家政治黑暗就把自己的本领收藏起来。"宁武子说："在国家政治清明时就显露聪明，当国家政治黑暗时就装傻。"孔子说："可以同他谈话而不同他谈，就错过了人才；不可以同他谈话却同他谈了话，就浪费了语言。"可见，是显露聪明才智还是装傻扮痴，这是取决于特定时间的。什么时候该谈论以及该谈论什么内容，其中是有深意的。哪里是应当说而不应当做呢？

问：你说佛道最值得尊敬、最称人意，无为而又恬静。然而世人和学者大都讥讽它，说它言语空泛难以把握，虚无缥缈难以置信，这是什么原因呢？

牟子说：最美好的味道也不合所有人的口味，最动听的音乐也不会被所有人都欣赏。弹唱《咸池》《大章》《箫韶》《九成》这些上古帝王的宫廷乐曲，没有人能够唱和。而奏起郑国和卫国的曲调，唱起市井流行的歌曲，人们一定是不约而同地拍手唱和。所以宋玉说："有客人来到郢这个地方唱歌，唱民间歌谣时，应和者数千人，等到运用商、角这些音调唱起高雅的曲子时，众人就不能应和了。"这都是因为多数人只懂得下里巴人一类的粗俗音乐，不懂得阳春白雪一类的高雅音乐。

韩非以他的一孔之见毁谤尧舜，接舆以微不足道的见识讽刺仲尼，他们都是只盯住小的方面而忽略了大的方面。听到"商"声却说成是"角"声，不是弹琴的过错，而是听者没有听懂。看到和氏璧却把它叫作石头，不是璧本身粗贱，而是看的人不识货。神蛇能把断了的身体接续起来，但是不能使人不打断它。灵龟能托梦给宋元君，但是不能躲过被豫且网住的灾难。

道，博大精深、崇尚无为，不是平常人所能理解的。它不因人们的赞誉而显得高贵，也不因人们的毁谤而变得低贱。它能否见用于世取决于天时，它能否行得通取决于时运，它能否与人沟通则取决于每个人的缘分了。

问：您以儒家经传解释佛学，言辞丰富而又清楚明白，既有文采而又议论生动，但是讲得这么好恐怕不是由于佛学本身确实美妙，而是因为你善辩罢了。

牟子说：不是我善辩，只是由于我见闻广博，所以才不困惑！

又问：要做到见闻广博，有什么方法吗？

牟子说：这就要研习佛经了。我在没有领悟佛经以前，比你还更加迷茫呢！虽然曾诵读五经，以为能获得真才实学，但是并未如愿。后来就读佛经，看《老子》，陶冶恬淡的性情，效法无为的举止。此后，我再环顾周围的事物人情时，就好像站在天井上俯视溪谷、登上高山一览小丘。如果把五经比作五味，那么佛道就好比五谷了。我自从领悟了道以来，好似拨开云雾见到了太阳，犹如火炬照进了暗室，豁然开朗。

原典

问曰：子云佛经如江海，其文如锦绣，何不以佛经答吾问，而复引《诗》《书》，合异为同乎？

牟子曰：渴者不必须江海而饮，饥者不必待敖仓而饱。道为智者设，辩为达者通，书为晓者传，事为见者明。吾以子知其意，故引其事。若说佛经之语，谈无为之要，譬对盲者说五色，为聋者奏五音也。

师旷[①]虽巧，不能弹无弦之琴。狐貉虽煴，不能热无气之人。公明仪[②]为牛弹清角之操，伏食如故，非牛不闻，不合其耳矣。转为蚊虻之声，孤犊之鸣，即掉尾奋耳，蹀躞而听。是以《诗》《书》理子耳。

问曰：吾昔在京师，入东观[3]，游太学[4]，视俊士之所规，听儒林之所论，未闻修佛道以为贵，自损容以为上也。吾子曷为耽之哉？夫行迷则改路，术穷则反故，可不思欤？

牟子曰：夫长于变者不可示以诈，通于道者不可惊以怪，审于辞者不可惑以言，达于义者不可动以利也。《老子》曰："名者身之害，利者行之秽。"又曰："设诈立权，虚无自贵。"修闺门之礼术、时俗之际会，赴趣间隙，务合当世，此下士之所行，中士之所废也。况至道之荡荡，上圣之所行乎？

杳兮如天，渊兮如海，不合窥墙之士、数仞之夫，因其宜也。彼见其门，我睹其室；彼采其华，我取其实；彼求其备，我守其一。子速改路，吾请履之。故祸福之源，未知何若矣！

问曰：子以经传之辞、华丽之说，褒赞佛行，称誉其德，高者陵青云，广者逾地圻，得无逾其本、过其实乎？而仆讥刺，颇得疹中而其病也！

牟子曰：吁！吾之所褒，犹以尘埃附嵩泰，收朝露投江海。子之所谤，犹握瓢觚欲减江海，蹑耕耒欲损昆仑，侧一掌以翳日光，举土块以塞河冲。吾所褒不能使佛高，子之毁不能令其下也。

问曰：王乔[5]、赤松[6]八仙之箓，神书百七十卷[7]，长生之事，与佛经岂同乎？

牟子曰：比其类，犹五霸⑧之与五帝，阳货⑨之与仲尼；比其形，犹丘垤之与华恒，涓渎之与江海；比其文，犹虎鞟之与羊皮，斑纻之与锦绣也。道有九十六种⑩，至于尊大，莫尚佛道也。神仙之书，听之则洋洋盈耳，求其效，犹握风而捕影。是以大道之所不取，无为之所不贵。焉得同哉！

问曰：为道者，或辟谷不食而饮酒啖肉，亦云老氏之术也。然佛道以酒肉为上戒，而反食谷，何其乖异乎？

牟子曰：众道丛残，凡有九十六种，澹泊无为，莫尚于佛。吾观老氏上下之篇，闻其禁五味之戒，未睹其绝五谷之语。圣人制七典之文，无止粮之术。老子著五千之文，无辟谷之事。圣人云："食谷者智，食草者痴，食肉者悍，食气者寿。"世人不达其事，见六禽闭气不息，秋冬不食，欲效而为之。不知物类各自有性，犹磁石取铁，不能移毫毛矣⑪。

问曰：谷宁可绝不？

牟子曰：吾未解大道之时，亦尝学焉。辟谷之法，数千百术，行之无效，为之无征，故废之耳。观吾所从学师三人，或自称七百、五百、三百岁，然吾从其学，未三载间，各自殒没。所以然者，盖由绝谷不食而啖百果，享肉则重盘，饮酒则倾樽，精乱神昏，谷气不充,耳目迷惑,媱邪不禁。吾问其故何,答曰:《老子》云:"损之又损,以至于无为。"徒当日损耳。

然吾观之,但日益而不损也,是以各不至知命而死矣。且尧、舜、周、孔各不能百载,而末世愚惑,欲服食辟谷,求无穷之寿,哀哉!

注释

①**师旷:** 春秋时晋国乐师,字子野。目盲,善弹琴辨音。

②**公明仪:** 春秋时鲁国贤士。曾为子张写墓志(《礼记·檀弓》)。他所弹的《清角之操》,相传是黄帝在泰山聚会众鬼神时产生的乐曲。据说曲调悲烈(《韩非子·十过》)。

③**东观:** 在汉代洛阳南宫。东汉明帝时,班固在此修撰《汉记》。章帝以后成为藏书之所。

④**太学:** 即国学,古代学校名。汉武帝始置太学。

⑤**王乔:** 又称王子乔,古代传说中的仙人。《列仙传》中说他是周灵王的太子,名晋。

⑥**赤松:** 即赤松子,又作赤诵子。传说中的仙人,神农时候为雨师。

⑦**神书百七十卷:** 汉顺帝时,干吉在曲阳泉中得

到神书一百七十卷,名叫《太平清领书》。论阴阳,讲巫术。干吉的徒弟宫崇把书献给了顺帝。有大臣上奏顺帝,说这部书妖妄不经,于是被收藏起来。后来张角得到了这部书的大部分。见《后汉书·襄楷传》。

⑧**五霸**:一作五伯,春秋时先后称霸的五个诸侯。说法不一,通常指齐桓公、宋襄公、晋文公、秦穆公、楚庄王。

⑨**阳货**:又作阳虎,春秋时鲁国人。季氏的家臣,侍奉季平子。季平子死后掌握了鲁国的国政。

⑩**道有九十六种**:指九十六种外道。佛家用语。在释迦牟尼佛时代,有六个反婆罗门教正统学说的派别,它们的代表人物统称"六师"。由于其主张与佛教不同,故被称为"外道"。六师的观点也不尽相同,每一师有十五种教。六师分别传授弟子十五种教,是为九十种。六师又各有一法与弟子不同,合为九十六种。实际九十六种外道是个概数,也有作九十五种的。见《萨婆多毗尼毗婆沙》卷五。

⑪**犹磁石取铁,不能移毫毛矣**:此句中"铁"应是"木""瓦"一类之误。其意应为:正如用磁石吸引砖瓦,不能使砖瓦移动一丝一毫。如果按原句,似可译为:正如磁石可以吸引铁,但却不能吸动绒毛。但是这样翻译,与原文语气不合。

译文

问：你说佛经浩大如江海，文章华美似锦绣，那你为什么不根据佛经回答我的问题，却引用《诗》《书》进行类比呢？

牟子说：干渴的人不必非要到江海中去饮水，饥饿的人不必非要到粮仓中去填饱肚子，道是为聪明人设立的，道理是说给明白人听的，书是为看得懂的人写的，事情要碰到有见识的人才能剖明。我考虑到你了解《诗》《书》，所以才引用它的内容解释佛经。如果直接讲佛经的内容和"无为"的含义，那就好比对盲人谈论色彩，为聋人演奏音乐了。

师旷虽然技艺高超，但是不能弹没有弦的琴，狐貉的皮毛虽然温暖，但是不能暖热已经断气的人。公明仪对牛弹琴，牛依然埋头吃草，无动于衷，并不是牛没有听见琴声，而是它听不懂。如果换成蚊虻的嗡嗡声或者小牛的哞哞叫声，它即刻就会支起耳朵，摆动尾巴，徘徊踱步地谛听。同样道理，我引用《诗》《书》讲佛经，也是为了使你能够听得懂。

问：我以前在京城时，到过东观，参观过太学，我注意到才子们的仪容，留心听过学子们的言论，发现他们并不尊崇佛道，也没有衣着简陋自毁容貌的，你为什么还迷恋佛道呢？走迷了路可以纠正方向，学术上入错了门可以回归正统，你不该反省一下吗？

牟子说：机警灵活的人不会被狡诈所欺骗，领悟了道的人不会被怪异所惊吓，有分辨力的人不会被花言巧语所迷惑，信守节义的人不会见利忘义。《老子》书中说："追求虚名是人生的祸害，贪图利益是丑恶的行为。"又说："与耍阴谋弄权术相比，清静无为是最崇高的。"整治日常生活中的礼节和时俗的规矩，做一些修补和调整，力求使它们符合当时的习惯，这是资质下等的人才做的事，资质中等之士是不做这些事的。更何况最高的道广大幽远，上等的圣贤追求这样的道，还能考虑那些琐碎小事吗？

高深的道广远如天空，深邃似大海，这样的道不适合那些站得不高、看得不远的人，这意味着有什么样的修养适合做什么样的事。那些人刚刚到达佛道的门边，我已经登堂入室领略了佛道的奥妙；他们只接触到外表现象，我则把握了佛道的实质；他们追求面面俱到，我则守着佛道的精髓要旨。需要反省的不是我，倒是你应当赶快改弦易辙，我请你从现在就做起。你一开始以为是对的，后来发现却是错的，可见是福是祸，很难预料啊！

问：你借助经传上的说法，以华美的言辞称颂佛的行为，赞誉他的道德，说什么佛的德行高过青天、广大无垠，难道没有超过佛的本来面貌、言过其实吗？而我对佛的讽刺和指责却是颇为切中要害的！

牟子说：吁！我对佛的褒扬，就像给巍峨的高山添了一把尘土，往江海中投了几点露珠。你对佛的毁谤，就好像拿着勺子和杯子去掏江海，扛着锄头去铲高山，或者就像举起一只手去遮日光，捡起土块去塞河道。我的赞誉不能使佛更尊贵，你的毁谤也无损于佛的毫毛。

问：王乔和赤松入了仙籍，神书一百七十卷，讲述神仙长生不死，这与佛经所说的是否相同呢？

牟子说：拿神仙之书与佛经相比，从品位上说，犹如五霸比之于五帝、阳货比之于仲尼；从形式上看，犹如以小丘比高山、以小溪比江海；从文采上比，就像没毛的虎皮比之于羊皮，或者是麻布比之于锦绣。道术有九十六种，说到尊贵博大，没有超过佛道的。有关神仙的书，听起来挺吸引人，但是一经认真检验，就会发现那都是捕风捉影了。因此崇高博大的道不采纳它，崇尚无为的佛道对它不以为然。神仙之书与佛经之间怎能同日而语呢？

问：修行神仙道术的人不食五谷而饮酒吃肉，这些道家方士也自称是遵从老子的学说。然而佛道却是戒酒肉、食五谷，怎么如此不同呢？

牟子说：各种各样的道繁多杂陈，计有九十六种，若论恬静无为，没有超过佛道的。我读过老子的上下篇（《道德经》），只看到"禁五味"的内容，没见到"绝五谷"的说法。在圣人撰写的七部经典中，没有提到不食五谷的法术。老子所作的五千文里，也没有讲到辟谷这种事。圣人说：吃粮食的聪明，吃草的痴呆，吃肉的强悍，食气的长寿。一般人不懂这些，看见六禽闭住气不呼吸，在秋冬季节里不吃东西，就想效仿它们。不知道万物各有各的特性，正如用磁石去吸引砖瓦，不能使砖瓦移动一丝一毫。

问：那么，五谷到底能不能弃之不食呢？

牟子说：我在领悟佛道之前，也曾经学过辟谷。辟谷的方法有千百种，但是按照那些方法去做，都没有效果，也没有出现据说是辟谷后会出现的征兆，因此就放弃了。从我所拜的三位师傅来看，他们或自称已经七百岁，或自称五百岁、三百岁，可是我跟他们学了不到三年，他们就一个个地死去了。之所以会这样，就是因为他们拒绝吃五谷，只吃各种野果，贪肉嗜酒，导致精神昏迷混乱，气力不足，耳目老朽退化，不节制淫邪。我曾经问过他们为什么要这样，他们回答说：《老子》讲过："减少再减少，最后达到无为。"所以应当日日亏损自己。

然而照我的看法，应该天天增加营养而不应该减少，所以他们都没活到"知天命"的岁数就死去了。连尧、舜、周公和孔子这样的圣人都不能寿享百岁，那些生在末世的愚昧的人，却想通过辟谷求得长生不死，可悲呀！

原典

问曰：为道之人，云能却疾不病，弗御针药而愈，信有之乎？何以佛家有病而进针药邪？

牟子曰：《老子》云："物壮则老，谓之不道，不道早已。"唯有得道者，不生亦不壮，不壮亦不老，不老亦不病，不病亦不朽。是以老子以身为大患焉。

武王居病，周公乞命。仲尼有疾，子路请祷。吾见圣人皆有疾矣，未睹其无病也。神农[①]尝草，殆死者数十。黄帝稽首，受针于岐伯[②]。此之三圣，岂当不如今之道士乎？察省斯言，亦足以废矣。

问曰：道皆无为，一也。子何以分别罗列，云其异乎？更令学者狐疑，仆以为费而无益也。

牟子曰：俱谓之草，众草之性不可胜言；俱谓之金，众金之性不可胜言。同类殊性，万物皆然，岂徒道乎？昔杨墨塞群儒之路，车不得前，人不得步。孟轲辟之，乃知所从。

师旷弹琴，俟知音之在后③；圣人制法，冀君子之将睹也。玉石同匮，猗顿④为之于悒；朱紫相夺⑤，仲尼为之叹息。日月非不明，众阴蔽其光。佛道非不正，众私掩其公。是以吾分而别之。臧文⑥之智，微生⑦之直，仲尼不假者，皆正世之语，何费而无益乎？

问曰：吾子讪神仙、抑奇怪，不信有不死之道，是也。何为独信佛道当得度世乎？佛在异域，子足未履其地，目不见其所，徒观其文而信其行。夫观华者不能知实，视影者不能审形，殆其不诚乎？

牟子曰：孔子曰："视其所以，观其所由，察其所安，人焉廋哉？"昔吕望、周公问于施政⑧，各知其后所以终；颜渊乘驷之日，见东野车⑨之驭，知其将败；子贡观邾鲁之会⑩，而昭其所以丧；仲尼闻师旷之弦，而识文王之操；⑪季子⑫听乐，览众国之风。何必足履目见乎？

注释

①**神农**：传说中农业和医药的发明者。

②**岐伯**：传说中的名医。曾与黄帝讨论医道。见《太平御览·帝王世纪》。

③**师旷弹琴，俟知音之在后**：《吕氏春秋·仲冬纪》中说：晋平公铸大钟，让人们听钟的音调正不正。别人都说音调正，师旷则说不正，应当重新铸一口钟。平公说：大家都说音调正啊！师旷说：后世有懂得音律的人，将会知道这口钟的音调不正，到那时我都会替您感到羞耻！后来出了个叫师涓的人，果然指出了这口钟的音调不正。所以说师旷想调准音调，是担心以后有懂音律的人指出错误。

④**猗顿**：春秋时鲁国人。原本贫穷，后因经营畜牧业成为豪富（《史记·货殖列传》一说经营盐业而发家）。

⑤**朱紫相夺**：春秋时候，诸侯原以朱色作为衣服的正色。后来被紫色衣服代替了。孔子因此说：紫色夺去了大红色（朱色）的地位，可憎。见《论语·阳货》。

⑥**臧文**：即臧文仲，又称臧孙辰。春秋时鲁国大夫。他替一种叫作"蔡"的乌龟盖了一间屋，雕刻着山形的斗拱。孔子对此不以为然，说：这个人的"聪明"怎么是这样的呀！见《论语·公冶长》。"臧文之智"，"孔子不假者"即指此。

⑦**微生**：即微生高。姓微生，名高。春秋时鲁国人。以直爽著称。但是孔子不以为然，说：谁说微生高直爽？有人向他讨一点醋，他却向邻居讨了醋转给人家。见《论语·公冶长》。"微生之直"，"孔子不假者"

就是指这件事。

⑧吕望、周公问于施政：吕望受封于齐，周公受封于鲁。他们二人一向交好，互问对方将如何治理国家。吕望说：我将尊重贤士，崇尚功绩。周公说：我将讲究仁义，崇尚德惠。吕望说：如果这样，鲁国自此就会削弱了。周公说：鲁国虽然会削弱，可是按你的办法治国，齐国就会被旁姓篡夺，不再是吕家的天下了。后来，齐国果然日益强大，进而称霸，但是传到二十四世时，田成子占有了齐国。鲁国也果然渐渐削弱，传到三十四代时就亡国了。见《吕氏春秋·仲冬纪》。

⑨东野车：姓东野，名毕。或作东野稷。春秋时鲁国人。善于驾车。东野车之称可能因其善驾车而得，又或许"车"是"毕"之误。《孔子家语》卷五载：鲁定公问颜回：你也听说过东野毕善于驾驭吗？颜回说：他虽然善于驾驭，但是我看他的马肯定会跑伤的。定公听了不高兴。三天后，东野毕驾车的马果然跑垮了。定公急忙把颜回请来求教。颜回说：我见他让马一路急跑，马的力气快用尽了，仍然催马不止，所以知道会有这种结果。

⑩子贡观邾鲁之会：邾隐公在春天来朝见鲁定公，邾隐公进献礼品时抬着头，仰着脸，鲁定公接受进献时却低着头。子贡看到了这一情景就说：根据生死存亡的道理来看，这两个人都快死了。高仰说明邾隐公骄傲，

卑俯表明鲁定公衰弱。骄傲就离动乱不远了，衰弱就快要生病了。鲁定公是主人，他将先一步死去。果然，到了这一年的夏天鲁定公就死了。孔子说：赐（子贡）不幸而言中啊！见《左传·定公十五年》。

⑪ **仲尼闻师旷之弦，而识文王之操**：《史记·孔子世家》说：孔子向师襄子（春秋时卫国乐官，本书记为师旷，并非同一人）学琴，有一天忽有心得说：我从琴曲中知道作者的为人了。面孔黧黑，身材颀长，高视远望，犹如统治了四海，除了周文王还能有谁呢？师襄子听了肃然起敬，说：这支曲子正是周文王所作的《文王操》啊！

⑫ **季子**：即季札，又称公子札。春秋时吴国人。吴王诸樊的弟弟。因曾经封于延陵（今江苏常州），又称延陵季子。他出使鲁国时，欣赏到周代各地的传统音乐，根据乐曲，他就预见到了周朝和各个诸侯国的盛衰大势。见《左传·襄公二十九年》。

译文

问：道家术士自称不会生病，即使生了病也是不用吃药针灸就能自愈的，有这样的事吗？为什么佛家有病却要吃药针灸呢？

牟子说：《老子》说过："事物壮大了，必然走向衰老，这就不合乎道了，不合乎道，必然很快死亡。"只有得了道的人，不生长也不壮大，不壮大也不衰老，不衰老也不生病，不生病也不腐朽。所以老子才认为有身体是人的大祸患。

周武王病了，周公为他向神明乞求宽宥生命。仲尼患病，子路请求仲尼允许他向鬼神祷告。我看到圣人都会生病，未见过他们不会生病的记载。神农尝百草，有数十次几乎死掉。黄帝敬重岐伯的医道，接受他的诊治。这几位圣人，难道还不如今天的道士吗？考察道士不会生病这一说法，足以知道那是荒诞不经之谈了。

问：道都讲究无为，在这方面各种道是一致的。你为什么却把它们区别开来，大谈它们的差异呢？这会使学道的人产生更多疑惑，我认为是多此一举，有害无益的。

牟子说：同样叫作草，但是各种各样的草有着数不完的特性；同样都叫作金属，但是众多金属的特性也不可胜数。同属一类事物而特性不同，万物都是如此，难道只有道才是这样的吗？过去杨朱和墨翟曾拦住儒生进行辩论，使车子不能过去，人也走不动。孟轲驳倒杨朱和墨翟，儒生们才知道了应该何去何从。

师旷弹琴，期待以后碰到知音；圣人制定法典，希望仁人君子能够读到。宝玉被混放在石头里，猗顿为此哽咽；紫色夺去了红色的光彩，仲尼为之叹息。日月并非不明亮，日月暗淡时是因为乌云遮住了它的光芒。佛道并非不正确，佛道被误解是因为受到左道旁门的连累和影响。所以我要把它们区别开来。仲尼不认为臧文是聪明的，对微生的率直也不以为然，仲尼对臧文的"智"和微生的"直"所做的分析，都是具有匡世正人作用的言论，能说是多余而又无益的吗？

问：你嘲讽神仙，贬抑怪诞，不相信有长生不死的方法，这是对的。但是你为什么偏偏相信佛道能够使人脱离尘世呢？佛在别的国家，你没有到过那里，更没见过佛，仅仅看过佛所写的经文就相信了他。然而看外表是不能知道真实内容的，看影子是不能知道真实形状的，你不担心佛的事迹不真实吗？

牟子说：孔子说过："看一个人交些什么朋友，了解他的生活经历，观察他安心做什么事情，那么这个人的品性怎么还能隐蔽得了呢？"当年吕望和周公互相询问对方打算如何治理国家，从对方的回答中，他们就都知道了对方国家的以后结局；颜渊乘车外出，看到了东野毕驾车的情形，就断定了东野毕将要出车祸；在郲隐公朝见鲁定公的仪式上，子贡根据隐公和定公的神情举止，就预言了他们将不久于人世；仲尼听了师旷弹的琴曲，就感受出曲子是周文王所作，并从中了解了周文王的为人；季子听了周代的传统音乐，就剖析了周朝和各诸侯国的盛衰大势。要了解一个人或一件事，何必非要亲临其境、亲眼目睹呢？

原典

问曰：仆尝游于阗①之国，数与沙门、道人相见，以吾事难之，皆莫对而词退，多改志而移意，子独难改革乎？

牟子曰：轻羽在高，遇风则飞；细石在溪，得流则转。唯泰山不为飘风动，磐石不为疾流移。梅李遇霜而落叶，唯松柏之难凋矣。子所见道人，必学未浃、见未博，故有屈退耳。以吾之顽，且不可穷，况明道者乎！子不自改而欲改人，吾未闻仲尼追盗跖②，汤武③法桀纣④者矣。

问曰：神仙之术，秋冬不食，或入室累旬而不出，可谓澹泊之至也。仆以为可尊而贵。殆佛道之不若乎！

牟子曰：指南为北，自谓不惑；以西为东，自谓不蒙。以鸱枭而笑凤凰，执蝼蚓而调龟龙！蝉之不食，君子不贵。蛙蟒穴藏，圣人不重。孔子曰："天地之性，以人为贵。"不闻尊蝉蟒也。然世人固有啖菖蒲而弃桂姜，复甘露而啜酢浆者矣。

毫毛虽小，视之可察；泰山之大，背之不见。志有留与不留，意有锐与不锐。鲁尊季氏⑤而卑仲尼，吴贤宰嚭⑥，不肖子胥⑦。子之所疑，不亦宜乎？

问曰：道家云，尧、舜、周、孔、七十二弟子，皆不死而仙。佛家云，人皆当死，莫能免。何哉？

牟子曰：此妖妄之言，非圣人所语也。《老子》曰："天地尚不能长久，而况人乎？"孔子曰："贤者避世。""仁孝常在"。

吾览六艺，观传记，尧有殂落，舜有苍梧⑧之山，禹有会稽⑨之陵，伯夷、叔齐有首阳之墓，文王不及诛纣而没，武王不能待成王⑩大而崩，周公有改葬之篇⑪，仲尼有两楹之梦⑫，伯鱼⑬有先父之年，子路有菹醢之语，伯牛⑭有亡命之文，曾参有启足之词，颜渊有不幸短命之记、苗而不秀之喻。皆著在经典，圣人至言也。吾以经传为证，世人为验，云而不死者，岂不惑哉？

问曰：子之所解，诚悉备焉，固非仆等之所闻也。然子所理，何以止着三十七条，亦有法乎？

牟子曰：夫转蓬漂而车轮成，窃木流而舟楫设，蜘蛛布而尉罗陈，鸟迹见而文字作。故有法成易，无法成难。吾览佛经之要有三十七品⑮，老氏《道经》亦三十七篇，故法之焉。

于是惑人闻之，蹙然失色，叉手避席，逡巡俯伏曰：鄙人蒙瞽，生于幽仄，敢出愚言，弗虑祸福。今也闻命，霍如汤雪。请得革情，洒心自敕，愿受五戒，作优婆塞。

注释

①于阗：又作于寘，古西域国名。在今新疆和田一带。

②盗跖：相传为春秋末期人，名跖。柳下屯（今山东西部）人。

③汤武：即商汤和周武王。

④桀纣：即夏桀和商纣。均为暴君，后作为暴君的代称。

⑤季氏：即季孙氏，春秋后期鲁国掌握政权的贵族。从季文子起，季武子、季平子、季桓子、季康子等相继执政。

⑥宰嚭：即伯嚭。春秋时楚国人，后逃到吴国。吴王夫差时被任为太宰，故有宰嚭之称。

⑦子胥：即伍子胥，名员。春秋时楚国人，后逃入吴国成为大夫。吴王夫差信任宰嚭而疏远伍子胥，经宰嚭进谗言，夫差赐剑命伍子胥自杀。

⑧苍梧：山名，又称九疑，在今湖南宁远县境内。相传舜葬于苍梧之野。

⑨**会稽**：山名，或作茅山、防山，在浙江省中部。相传禹死于会稽。

⑩**成王**：即周成王姬诵，周武王的儿子。武王死时，成王年幼，由其叔父周公旦摄政。

⑪**改葬之篇**：周公将死时，提出死后葬在成周（西周的东都，今河南洛阳市洛水北岸），表示自己不敢离开成王。但是周公死后，成王把他葬在毕（周文王葬于此，在今陕西咸阳县西北），表示不敢以周公为臣（《史记·鲁周公世家》）。

⑫**两楹之梦**：孔子病重，子贡来见。孔子对子贡说：我快要死了，我梦见自己死后停枢在两个柱子之间。夏人停枢在东阶上，周人停枢在西阶上，而殷人停在两柱之间。我的祖先是殷人哪！见《孔子家语》卷十。（孔子是宋国人，宋国的开国者是殷人微子。）

⑬**伯鱼**：孔子的儿子，名鲤，字伯鱼。比孔子先死。

⑭**伯牛**：即冉耕，字伯牛，春秋时鲁国人。孔子的学生。伯牛病重时，孔子拿着他的手说：难得活了！难得活了！见《论语·雍也》。

⑮**三十七品**：即三十七道品，佛教用语。指达到佛教觉悟，趋向涅槃的途径，分七种，即：四念处、四正勤、四如意足、五根、五力、七觉支、八正道，共三十七项。

译文

问：我曾经游历于阗国，屡次与沙门、道士打交道，我提出问题请教他们，那些沙门和道士都无言以对，大多数人改变了志趣和信仰，唯独你难以改变吗？

牟子说：羽毛在高空中遇到风就被吹跑了，小石子在小溪里被水一冲就滚动了。而泰山不会被大风吹动，磐石不会被急流冲走。梅树和李树遇到霜雪就会落叶，而松柏在霜雪中却不会凋零。你所见到的那些道人，一定是学而不通、见识不广，所以才会退缩。即使像我这么愚笨的人，你都问不倒，何况碰到那些已经精通了道的人呢！你自己不思悔改，反而想改变别人，我从没听说过仲尼追随盗跖，汤、武效法桀、纣的。

问：神仙作起法术，可以在秋冬两季不吃东西，或者把自己关在屋子里许多天不出来，可以说是恬静寡欲到极点了。我认为这是值得崇敬的。大概佛道是赶不上了！

牟子说：把南说成了北，还自以为没有迷惑；把西当成了东，还自以为不糊涂。你这是用鸱枭来嘲笑凤凰，拿蝼蚁来嘲笑龟龙啊！蝉可以不吃东西，但是君子不认为它是尊贵的。蛙和蟒可以在洞穴中冬眠，但是圣人并不敬重它们。孔子说："天地间有生命的东西中，人是最尊贵的。"没听说有谁主张敬重蝉和蟒。况且生活中本来就有人吃菖蒲而不吃桂姜，也有人不饮雨露而喝醋浆。

　　毫毛虽然细小，然而仔细看是可以看到的；泰山虽然高大，但是用后背对着它也就看不见它。人的志向或者长久或者不长久，人的意志或者坚定或者不坚定。鲁国敬重季氏而鄙视仲尼，吴国把宰嚭看成贤人而认为伍子胥是不肖之徒。你的看法不也是属于这一类吗？

　　问：道家说，尧、舜、周公、孔子及其七十二个弟子，都是不死而成仙的。佛家则说，人都有一死，谁也免不了。哪一种说法对呢？

　　牟子说：尧舜等人不死成仙的说法乃是妖妄之言，圣人从来没有这样说过。《老子》说："天和地尚且不能长久，何况人呢？"孔子说："贤人逃避恶浊的社会而隐居起来。"就"仁和孝常存"了。

　　我看过六艺，读过圣贤们的传记，知道尧终有一死，舜死后葬在苍梧山，禹在会稽山有陵寝，伯夷和叔齐在首阳山有坟墓，周文王没来得及诛灭商纣王就死了，周武王没等他的儿子周成王长大就去世了，周公死后，被改葬在与他的要求不同的地方，仲尼临死前，曾梦见自己被停枢在两柱之间，伯鱼比他的父亲先死，子路被剁成肉酱而亡，伯牛病重时，孔子执着他的手说"活不得了"，曾参临终前有"看看我的脚"的说法，颜渊不幸短命而死,孔子把他的短命比喻为"庄稼出苗而不开花"。这些都写在经典里,都是圣人所说的。我以经传上的记载为据,以世上的人都有一死为证,那种认为人可以不死的说法,岂不是很荒唐吗?

问:你的解说,相当详细完备,像我这样的人确实没有听到过。然而你的见解为什么只著述三十七条,这也有所根据吗?

牟子说:蓬被风卷起会在空中飘转,受这一现象的启发,人们造出了车轮。看到凹形的木头在水中漂流,人们造出了舟船。受到蜘蛛结网的启发,人们学会了张布罗网。受到鸟爪印迹的启示,人们发明了文字。可见,有了可资效法的典范,做什么事就容易,否则就困难。我阅览佛经,看到所讲的"道品"共有三十七项,老子的《道经》也是三十七篇,所以就效法了它们。

听到这里,那个困惑的问者大惊失色,赶紧离开座席,拱手致敬,随即拜倒在地说:鄙人有眼无珠,生活在黑暗中,竟敢提出那么多愚蠢的问题,说出那些不考虑祸福后果的蠢话。今天听到教诲,就像热水浇在雪上,豁然化解。请允许我改变信仰,洗心革面,接受五戒,做一个优婆塞。

源流

《理惑论》不是经文，而是阐述佛教教义的论文。因此，其思想与佛经之间的系统性传承和演变并无严格的关连。另一方面，既然阐述的是佛教义理，故总要以经典为依据。考察《理惑论》思想和理论的源流，这应当是一个尺度。

理论渊源

　　从《理惑论》的内容来看，它的理论来源主要是《四十二章经》。东汉延熹九年（公元一六六年），襄楷上书给汉桓帝时就引用了《四十二章经》中的话，可见此经在那时候就已为人们所熟悉。对《理惑论》和《四十二章经》作一些比较，可以看出牟子是读过此经的。汤用彤先生甚至说，牟子在写《理惑论》时，书箱里或许就有《四十二章经》。《理惑论》以此经为渊源，可从下列例证中得到一些说明：

首先，《理惑论》是以《四十二章经》为蓝本转述"明帝求法"的故事的。"明帝求法"的故事最先见于《四十二章经》的序文，《理惑论》是根据这个"经序"，对故事的原文作了一些文字整理，然后录出的。汤用彤先生对此有详细的考证（见《汉魏两晋南北朝佛教史》上册第二章）。

其次，《理惑论》又从《四十二章经》中引用了一些经文。例如：《理惑论》第二十五章有："吾自闻道已来，如开云见白日，炬火入冥室。"这是引自《四十二章经》的下面一则："夫为道者，譬如持炬火入冥室中。"又如：《理惑论》第四章里有："立事不失道德，犹调弦不失宫商。"这种提法与《四十二章经》的下面一则有关："沙门夜诵迦叶佛遗教经，其声悲紧，思悔欲退。佛问之曰：汝昔在家，曾为何业？对曰：爱弹琴。佛言：弦缓如何？对曰：不鸣矣。弦急如何？对曰：声绝矣。急缓得中如何？对曰：诸音普矣。佛言：沙门学道亦然，心若调适，道可得矣。"

当一个沙门失去信心时，佛启发他说，修道的道理和弹琴一样，弹琴时需要琴弦松紧适度，修道也应当不急躁不松懈，心境调节适度，这样就可以修成道了。《理惑论》中"立事不失道德，犹调弦不失宫商"一语，就是由此演化概括出来的。

再次，在《理惑论》所阐述的佛教原理中，有关沙门修行的内容是来自《四十二章经》。例如：

《四十二章经》说："爱欲之大者为财色""人系于妻子、宝宅之患，甚于牢狱桎梏"。《理惑论》中则说："沙门弃妻子、财货，或终身不娶。"为什么沙门要抛弃妻子和财产？因为贪财、好色是最大的爱欲，妻子和家产给人带来的祸患，比牢狱之灾还要大。

《四十二章经》说："为道务博爱""德莫大施"。《理惑论》则说："佛家以空财、布施为名。"为什么沙门以倾尽钱财、广为布施为荣？因为修道必须广发善心，施舍是最高尚的品德。

《四十二章经》说：沙门"常行二百五十戒"。《理惑论》则说："沙门二百五十戒，非优婆塞所得闻。"这一条之所以应予重视，是因为当时佛教戒律还没有传入，《四十二章经》和《理惑论》都只是提到沙门戒条的数目，没有谈到具体内容，这既反映了佛教初传的一些情况，也透露了它们之间存在联系的一点消息。

《四十二章经》是佛教原理，《理惑论》是阐述佛教原理的论文。《四十二章经》的基本内容是鼓励沙门持戒修行，而为沙门的修行做出辩护是《理惑论》的一个重要内容。可见，就这一经一论之间在内容上具有联系，并非空穴来风。

在《四十二章经》传入、《理惑论》问世这一时期，佛教已经进入中国，有关佛和佛教的传说已经在中土流传，一些印度僧人也已来华活动。但是当时对佛经的翻译还为数不多，许多人不了解佛教，特别是看到沙门的穿着和行为举止与中国的伦理习俗不同，于是多有非难之辞，这种情况促使牟子撰写《理惑论》。由于《四十二章经》侧重于鼓励沙门修行，因此无论非难佛教的人是否了解此经的内容，他们对沙门各种行为的指责，客观上也就使《四十二章经》的内容成为被责难的焦点，牟子要让人们理解沙门的行为，要对各种责难予以反驳，也就要把维护和宣传《四十二章经》作为《理惑论》的主题之一。所以说，他主要以《四十二章经》作为理论依据是符合当时的历史背景的。

思想流变

《理惑论》作为中国佛教史上的一环，对中国佛教的后续发展产生了影响。追踪这方面的线索，又可以看到其思想流变的路向。

其一,《理惑论》是魏晋佛教依傍老庄的先导。前面已经提到,魏晋时候,佛教已经摆脱了神仙方术走向了独立,呈现出崇尚老庄玄学的特征。魏晋佛教的这一走向,在《理惑论》中已经初见端倪。牟子在锐志于佛教的同时,兼而研究《老子》,并且宣称,"佛与老子,志在无为"。他把《老子》一书作为主要的圣贤经典,用来证解佛教原理,反复论述在追求澹泊无为这一目标之下,佛与道的种种一致性。这些思想固然还带有汉代佛道并称的传统痕迹,但是牟子又强烈地批评神仙道术,这表明《理惑论》中的佛与道的并称,已经注入了一股新鲜空气,那就是:佛教将不再与神仙方术为伍,而只在义理方面与道家联姻。

《理惑论》讲到佛教时,直呼其为"佛道",又说佛乃是道德的元祖,佛道可以引导人们走向"无为",这分明是用老子的道家眼界来解释佛教了。《理惑论》的这种佛教观,虽然还没有直接与老庄玄学结合,但是它已经为佛教依傍玄学的历史剧拉开了序幕,由此走向佛教与魏晋玄学的合流,也仅是一步之遥了。

佛教与魏晋玄学的合流,集中表现在"般若学"的理论中。般若学有六家七宗,本无、心无、即色、识含、幻化、缘会这六家佛教派别,在思想倾向上或者偏重于"无",或者偏重于"空",但是它们的思想母体都是般若学的"缘起性空"理论。这种理论的基本观点是,只有领悟了"一切法空",才能获得解脱。这明显是老庄的"虚无"思想和玄学的"贵无"理论在佛学中的映射。而这种映射的照影在《理惑论》中已经初显光晕了。

魏晋佛教在思想理论上与玄学结盟,这种风气培育出了一种特殊的佛教研究方法——格义。所谓格义,就是援引中国传统思想,主要是引用老庄思想中的概念解释佛教原理。耐人寻味的是,即使是这种研究佛教的方法,牟子也是率先使用的,《理惑论》一书几乎通篇是引用儒道两家的概念和命题解释佛教原理。

诚然,《理惑论》中的佛道相通与魏晋佛教的崇尚老庄不可混为一谈,并且无论是牟子援引《老子》,还是魏晋佛教依傍老庄,都与佛教力量还比较单薄的处境有关。但是,作为中国佛教由汉代向魏晋转变中的一个过渡环节,《理惑论》为魏晋佛教依傍玄学做了理论准备,却是客观的历史现象。考虑到汉末已经天下大乱,魏晋一直动荡不安,应当说从牟子不求仕途而研究佛教和《老子》,到魏晋上流社会和知识分子在佛教中刮起玄风,在社会历史方面也是有基础的。

其二,《理惑论》是晋代以下"佛道之争"的先声。佛教在汉代初传中国时曾经依附于黄老道术,以便通过与中国传统信仰相结合,使自己得到传播。佛是外来的圣者,他能被中国所接受,是因为当时人们以为佛教与黄老之术相通。但是中国原本有自己的神,华夏文化源远流长,根深蒂固,认为佛教和黄老之术相通从而容纳它,未必就一定要把一个外来的圣人与黄帝、老子并列,其中或许还有别的原因。不少学者认为,出现佛与黄老并称的局面还受到了"老子化胡说"的影响。

中国古代把北方边地和西域各族称为"胡",也用"胡人"泛指外国人,"老子化胡",说的是老子出西关,过西域,到天竺国后化为佛,教化胡人。汉桓帝时就有了这一说法,在襄楷上书中就提到"老子入夷狄为浮屠",至汉魏之际已在社会上相当流行了。老子化胡的传说意味着佛、道两家同出一源,教义也是殊途同归,因而对汉代的佛与黄老并列产生了影响。最初佛家和道家都没有对这种说法提出异议,当时道教还没有充分发展,佛教则需要借助道教扩大影响,两者分歧则势弱,相得则益彰,因此大家相安无事。

但是汉以后,特别是到了晋代,佛教和道教都有了较大发展,尤其是佛教的力量日渐壮大,不再需要依附于道教了。为了在社会上取得优势,双方渐渐有了一些争论,到了西晋惠帝时,终于爆发了以道士王浮为一方、沙门帛远为一方的佛道大辩论。继而在南朝时,道士顾欢发展《夷夏论》扬道抑佛，又引起沙门慧通等人著文反驳，以扬佛抑道。晋代以后出现这种明朗化的佛道之争，在《牟子理惑论》中其实已经埋下了伏笔。

牟子作为一个信奉佛教又精通道家学说的士大夫，对当时社会上广为流传的"老子化胡说"不会不知道，他在《理惑论》中尽管没有提到化胡说，但是他不承认这种说法却是显而易见的。

在第一章他就首先交待了佛的来历，佛生于天竺国，父亲是白净王等等。牟子关于佛的来历及生平的叙述，所依照的完全是佛教的传说或记载。并且他说，佛是在积累道德数千亿年以后才成佛的，此一说法与老子没有关系十分清楚。

在第十四章，当问者说历来是"用夏变夷"，没听说过"用夷变夏"时，牟子明确表示不以为然，而且说像问者这种看法，在他自己接触佛教以前也是有过的，但是研习佛教以后就发现这一说法不完全对了。这种态度也表明，在牟子的心目中，佛和佛教是在外国土生土长的，佛既非老子的化身，佛教也不是老子所创。后来西晋时道士王浮与沙门帛远辩论，其中一个主要问题就是佛教是否因老子化胡而产生，王浮还为此撰写了《老子化胡经》，然而在《理惑论》中，牟子就已经对此表明了佛家的看法。

《理惑论》对后来佛道之争的影响，特别表现在对神仙道术的批评方面。牟子反复指出神仙辟谷之术荒诞不可信，在第二十九章里更有如下的议论：如果拿道经《太平清领书》与佛经相比，就好像以五霸比五帝、以阳货比仲尼、以小丘比高山那样，不可同日而语。"佛高于道"这几个字，已经是呼之欲出了。

　　像这样从佛教的角度，见诸文字地批评道术，《理惑论》是首开先河的。牟子写作时在书中自设了"问者"，这个问者是对佛教感到困惑或提出责难的"世俗之徒"的代表，其中有儒林中人，也有道家术士。从《理惑论》的序文中可以看到，牟子与道家术士是有过交锋的，最初他是以儒家的五经向道家术士提出问题，但是当他信奉佛教以后，撰写《理惑论》反驳世俗之徒的责难时，就已经是用佛教理论作为论辩的武器了。这样，佛教与道术的争论就不可避免了。

　　《理惑论》对神仙道术的批评，为后来的佛徒僧人所借鉴。据《弘明集》卷七记载，南朝僧人慧通为了反驳顾欢的《夷夏论》，著有《驳顾道士夷夏论》一文，就在文章中大量地引用《理惑论》。例如：

　　"天竺天地之中，佛教所出者也。"（天竺国是天地的中心，是佛教产生的地方。）

　　"正道难毁，邪理易退。譬若轻羽在高，遇风则飞；细石在谷，逢流则转。唯泰山不为飘风所动，磐石不为疾流所回。是以梅李见霜而落叶，松柏岁寒则不凋。"（真正的道难以诋毁，左道旁门容易被击退。这就像羽毛飘在空中，碰到风时就会被吹跑；又好像小石子在河谷中，遇到急流就被冲走。唯有泰山在大风吹来时巍然不动，唯有磐石在疾流面前毫不动摇。所以梅李遇到霜雪就会落叶，而松柏在寒冬里却不会凋零。）

"自古圣贤莫不归终，吾子独云不死，何其滥乎！故舜有苍梧之坟，禹有会稽之陵……"（自古以来，即使是圣贤也没有不死的，你却说神仙道术可以使人长生不死，这种说法多么离谱啊！正因为圣贤也终有一死，所以在苍梧山有舜的坟墓，在会稽山有禹的墓陵……）

世俗之人对佛的诋毁，"譬若持瓢以减江海，侧掌以蔽日月，不能损江海之泉，掩日月之明。"（那些诋毁佛教的人，不过就像拿着瓢勺去舀江海，举起手掌去遮日月，丝毫无损于江海，也无法遮蔽日月的光辉。）

慧通的这些观点和语言都来自《理惑论》一书，有些连文字都没有改动。在引用圣贤的话和历史典故以说明道理方面，援引《理惑论》的内容就更多了。在文章中慧通还陈述了这样的观点：除了《道德经》，道家的淫谬之说都不是老子所作。老子写下了《道德经》，而道教中对它加以附会穿凿的大有人在。这样严格区别老子的道家学说与神仙道术，也与《理惑论》的精神是一致的。

总之，在佛教脱离道术，进而与道教发生分歧的历史过程中，《理惑论》发批评道术的先声，从而为晋代以下佛、道争论的明朗化埋下伏笔，这是它对后来佛教产生影响的主要流变之一。

概括一下《理惑论》的思想源流就是：其源头是《四十二章经》，而其流变则有两条线索：一是《理惑论》主张佛教学说与道家学说具有一致性，这一思想对魏晋佛教融合老庄玄学具有先导作用。二是《理惑论》排斥神仙道术，又对晋代以后的佛、道之争产生了一定的影响。

《理惑论》既依附于黄老的道家学说，又批评神仙道术，这里并没有矛盾，恰恰是佛教由汉代向魏晋风气转变时期的特征，也正是《理惑论》所独有的时代精神之所在。道家和道术在早期是有严格区别的，后来才一概称为道教。在《理惑论》中，道家学说与神仙道术有明确的区别，所以，它在两个方面对后来佛教的发展产生影响，是并行不悖的。

解说

历史犹如一支变奏曲,在这支曲子里,依次响起了各个时代的声音。历史又像一面镜子,在这面镜子里,可以看到当代的投影。《牟子理惑论》是中国佛教史上的一个环节,研究它,就是在阅读一段佛教史。对任何一部具有历史价值的著作,都不仅要把握它的内容要义,而且要考察它对当代具有哪些启迪。那么,《理惑论》在这两个方面向人们提供了什么?

内容要义

《理惑论》一书包括这样一些内容:(1)牟子的传记;(2)佛的传记;(3)对"佛"做出解释;(4)对"佛法"做出解释;(5)为沙门做辩护;(6)论神魂和

生死；（7）批评神仙辟谷之术；（8）介绍佛教的初传；（9）做"夷夏之辩"；（10）谈《理惑论》的写作。这些内容对于了解当时的人如何认识佛教提供了一个系统的报告。但是，能够反映《理惑论》的要义，也是牟子所着重阐述的，则是以下几个问题：

（1）对"佛"做出解释：既然要谈论佛教，首先要说明应当如何理解"佛"。

第一，牟子说：佛是一种称号，人们称呼佛，就像称呼三皇五帝一样。（见第二章）这一解释说明了佛的神圣。佛是有名字的，三皇五帝也各有其名，但是因为他们伟大非凡，所以就有了尊称。

第二，牟子说：佛是道德的创始者，也是众神的祖先。佛的含义就是"知者"。佛可以在转眼之间变化，身体能分散聚合，或存在或消失。佛能大能小，能圆能方，能老能少，能隐身能现身。踏火不会被灼烧，在刀刃上行走不会受伤，陷进污秽之中不会被污染，碰到灾祸安然无恙。外出的时候是以飞代步，坐着的时候浑身放光。（见第二章）这是对佛的神通广大给以具体描述。值得注意的是，这一番描述已经使人们看到了道家神仙的影子，是用道家的眼光刻画佛的。道家代表人物之一庄子在《齐物论》中讲到神的时候说："超凡的神啊！即使大河被烧得滚烫，即使雷电把山劈开，或者狂风掀起巨大的海浪，都不能把神怎么样。"《理惑论》对佛的描写，与此同出一辙。

第三，牟子说：佛的相貌超凡脱俗，有三十二种显著特征，八十种细微特征。（见第一章）相貌也不同凡人，佛的神异得到进一步强化。

（2）对"佛法"做出解释：牟子把佛教称为佛道，从他对"道"的说明可以看出他对佛法的理解。

第一，牟子说：道的含义就是引导，道可以引导人达到无为的境界。道的上下前后没有界限，没有形状，也没有声音。四方极远处可以说是很大了，道却仍然延伸到外面；毫末可以说是很细小了，道仍然渗透在它的里边。（见第三章）如此这般地解释"道"，其实是在用道家学说谈论佛法。《老子》第十四章中是这样描述"道"的："看它看不见，叫作无形；听它听不到，叫作无声；摸它摸不着，叫作无质。这三者没有办法进一步追究，它们是同一个东西。"牟子所说的"道"和《老子》中对"道"的描述没什么差别。

第二，牟子说：道的奥妙在于清虚和无为。（见第十章）这种解释仍然取自道家，但是这个句子虽短，却是一语中的。前面指出"道"是无形无声、没有界限，还只是一种状态的描述，指出"道"的奥妙在于追求清虚无为，则触及了它的本质。以清虚无为作为理想境界，这就是牟子对佛法的认识。

第三，牟子说：做事不脱离道德规范，就像弹琴不违背音律。自然规律遵守四季的交替，人类社会遵守伦理纲常。《老子》说，有个混然一体的东西，在没有天和地的时候就存在了，它可以说是天下万物的根本，我不知道它的名字，勉强把它称为道。道这个东西，居家生活可以用它侍奉双亲，主宰国家可以用它治理臣民，孤身独处时可以用它修养身心。（见第四章）这一番话，又进一步从"道"的作用方面对"道"做出了说明。前面说的是"道"的本质，这里讲的是"道"的应用价值，认识更为具体了。

在这段议论中还有一个值得重视的现象：牟子已经不仅仅是用道家学说解释"道"，同时又援引了儒家的观点。他指出了，在人类社会领域里，"道"是和儒家的人伦五常，也即与儒家的道德规范是一致的。并且，在儒家所追求的修身、齐家、治国这种道德观念和政治理想中也就包含着"道"，"道"对于儒家实现理想具有引导作用。经过这样的解释，佛教学说不仅与道家相通，而且也与儒家暗合。佛法在理论上是奥妙无穷的，在应用上又是普遍有效的。

（3）调和佛教和儒学在伦理观上的冲突，为沙门的行为举止做出辩护。儒佛两家对人生和社会有根本不同的看法，人生观的差异，导致了伦理观念的分歧。儒家提倡造就理想化的人格，成为圣人贤者。为此儒家主张珍视人生，希望获得家庭和社会的好评。这就在伦理观念上发展出一套评价的标准：父子有亲，君臣有义，夫妇有别，长幼有序，朋友有信。这些标准成为儒家的行为规范。

佛教则不同，它视人生为苦，世间为苦海，认为痛苦的根源来自自身的思想、言语和行为。因此，佛教的人生理想是寻求解脱，要解脱就必须斩断痛苦的根源，于是佛教强调通过清苦的修持、抛弃俗念和欲望，以求超脱尘世，进入涅槃境界。

儒佛两家在伦理观念上的冲突，使得儒林中人包括受到儒家思想熏陶的各类人士，对沙门不娶妻、断发等行为提出各种非难。《理惑论》对这种情况做出了回应，但是他没有同儒家观点进行争论，而是通过引经据典，论证沙门的行为与儒家的伦理观念并无矛盾，促使人们接受沙门。在《理惑论》中，世俗之人对沙门的非难以及牟子为此所做的辩护主要涉及三个方面：

第一，问者提出：根据《孝经》，人的身体、头发和皮肤都是父母给的，因此必须珍惜，不能随便损伤。曾参病重的时候还念念不忘"看看我的手，看看我的脚"，可是沙门却剃掉头发，这不是违背了圣人之言，违反了孝子之道吗？牟子回答说：过去有个齐国人坐船过江，他的父亲不慎落水，他把父亲救上来，然后抓住胳膊，揪住头发，把父亲的身体倒过来，以便水从口里流出，从而救活了他的父亲。儿子对父亲又揪头发又颠倒身体，还有比这些举动更不孝的吗？然而这样做才保住了父亲的性命。如果在那种时刻仍然固守孝子之道，他父亲不是没命了吗？

孔子说："可以一起领悟道的人，不一定能一起灵活地运用它。"泰伯既文身又留短发，可是孔子却称赞他是有大德的人，并没有因为他留短发而指责他不孝。这说明如果一个人的品德高尚，就不必纠缠他的小节。沙门舍弃家财，远离声色，这是很高尚的了，何必还要对他们的断发加以非难呢？况且以前有豫让吞炭成哑，聂政自毁容貌，人们都赞扬他们的义勇行为，没有谁说他们违反孝道。与他们比起来，沙门剃掉头发不是差得远了吗？（见第九章）

第二，问者提出：有子嗣是最大的幸福，没有后代是最大的不孝。可是沙门抛弃妻子或者终身不娶，为什么要这样违背孝道呢？这样放弃幸福又有什么意义呢？牟子回答说：许由在树上筑巢栖身，伯夷和叔齐饿死在首阳山中，但是孔子称他们是求仁得仁的贤者，并没有讥笑他们没有后代。沙门修行道德，回归到质朴的生

活，不贪恋与妻子生活的欢娱，不追求人间的游乐，难道不值得敬佩吗？（见第十章）

第三，问者提出：黄帝就已经重视服饰，箕子把容貌端庄摆在"五事"的首位，孔子认为穿衣服合乎礼仪是"三德"中首要的品德。原宪虽然贫穷，仍然戴着华丽的帽子，子路临死前还不忘把帽子戴好。可是沙门却剃头发、穿袈裟、袒露右肩，见人不行跪起之礼，这不是违背了有关容貌和服饰的行为规范了吗？牟子回答说：《老子》书中有这样的话："不追求形式上的德，才是真正有德；死守着形式上的德，就是没有德。"三皇时代，人们吃兽肉，披兽皮，质朴无华，但却受到后人的称赞。沙门的行为举止就是与此相同的。

问者又提出：照你这么说，黄帝和尧舜等圣人不是不值得学习了吗？牟子回答说：尧、舜、周、孔这些圣人的志向是整治社会和国家，佛和老子则志在追求无为。不同的学说适用于不同的方面，信奉佛教并不意味着就要抛弃尧、舜、周、孔的圣人之道。（见第十一章）

从以上的引述中可以看到，儒家对沙门的非难主要集中在三个问题上：一是沙门断发，违背了《孝经》所说的"身体发肤，受之父母，不敢毁伤"这一训条。也即僧人剃度有违于孝道。二是沙门出家，不娶妻因而没有后嗣，这非但本人得不到人生幸福，而且是最不孝的行为。这是说僧人出家有违孝道。三是沙门身披袈裟，见人不行跪起之礼，违背了中国的传统礼仪。也就是僧人的穿着和举止不合礼节规范。这三个方面是儒佛两家在伦理道德观念上的主要分歧。

汉代特别强调以孝治国，《孝经》又是儒家的经典，因此儒家着重从这个方面批评佛教。"礼"也是中国古代社会历来重视的问题，越礼或不合礼仪是不被允许的。因此这也成为儒家批评佛教的一个重要方面。自从《理惑论》对此作出反映以后，历代儒佛两家在伦理方面的争论也都不离其右。其中僧人披袈裟、不行跪起之礼的问题，还在东晋时引出了"沙门不敬王者"和"沙门袒服"的大争论。

东晋时代，佛教与封建礼制的矛盾，引起了朝廷的关注。晋成帝时，由庾冰代成帝下诏书，明令沙门应当敬王者。其理由是：如果像佛教徒那样，见到任何人包括见到帝王和父母都不跪拜，只是合掌致敬，尊卑不分，那么人们就将无视国家礼法，国家就会大乱。但是，由于遭到另一些执政者的反对，这一主张未能贯彻。此后，太尉桓玄又一次提出沙门应向王者跪拜的问题，从而引起了争论。

当时中国南方的佛教领域慧远撰写了《沙门不敬王者论》，他说，在家学佛的信徒，应当遵守礼法，恪守王制。但是出家修道的沙门已经不是世俗的人，是以修道资养身心，因此不必再仰赖君王的蓄养，也就不需要再遵循君权制定的服从礼法。慧远说服了反对意见，也委婉地否认了君权对僧侣如同父子的伦理观念，但是他主张在家信徒应服从礼法，又表现出兼顾佛儒的态度。

另一个"沙门袒服"的争论是围绕僧人披袈裟、袒右肩的问题展开的。儒家礼制一贯重视服饰，把服饰与等级差别联系在一起，并与吉凶相附会。沙门的穿着被认为是蔑视常礼，镇南将军何无忌为此写了《难袒服论》，对沙门袒服提出异议，与慧远展开讨论。何无忌的根据是中国一向以"左"为吉利，而"右"则主凶兆，所以沙门袒露右肩是不可取的。慧远作了《沙门袒服论》和《答何镇南书》，指出印度与中国的习俗不同，沙门也和世人有别，只要实行儒家的仁爱和佛教的慈悲，宇宙就会万物齐一，无所谓优劣吉凶了。慧远巧妙地维护了沙门袒服，但是他在这里又一次兼顾了儒家和佛教的伦理观念。

慧远调和儒佛的做法，早由牟子在《理惑论》中使用了。《理惑论》在为沙门辩护时，主要是以儒家经典或儒家心目中的圣人作为论据，以说明沙门的行为举止并不违背儒家的伦理道德，论证儒佛两家在伦理观念上是兼容相通的。儒家指责僧人剃头有违孝道，牟子引

解 说　135

用孔子的话说，对于"道"不仅要理解，而且要灵活运用，只要动机是高尚的，就不应计较他的小节。同时指出，虽然泰伯文身短发，豫让吞炭成哑，聂政剖皮破相，但是他们仍然受到尊敬，因而沙门为修道而断发也是不违背孝道的。泰伯等人是儒家所认可的贤人义士，所以牟子的类比在逻辑上是有力量的。

儒家指责僧人不娶妻，无后嗣是违背孝道，牟子以许由和伯夷、叔齐为例说，这些贤人也都没有后嗣，但是孔子仍然称赞他们是"求仁得仁"的高士，因此，沙门的抛妻或不娶也同样应该受到赞扬了。

儒家指责僧人穿袈裟、不跪拜是违背了礼法，牟子以三皇时代为例，指出那时的人裹兽皮，根本就谈不上严装华冠，但仍然被儒家称赞，因此沙门的穿着也并不违背礼法。

牟子的类比虽然机智，论证却并不充分，事实上，由于儒佛两家在伦理观上原本存在分歧，也很难充分地论证。但是他调和儒佛两家的伦理观，却反映了中国初期佛教的一个特点。

（4）论神魂和生死：汉代佛教最重要的信条是神魂不死，轮回报应。这也是《理惑论》所重视的一个问题。牟子分三个层次表达了他的看法：

第一，问者提出：佛家说人死了以后还能复生，哪会有这种事呢?

牟子回答说:当一个人刚刚死去时,他家里的人就会到屋顶上去叫他的名字,人已经死了,还叫谁呢?这是在呼唤他的神魂。神魂如果回来,人会复生,如果神魂不回来,就会变成鬼神。所以说人死了以后只不过是身体朽烂,而神魂是不死的。

身体就像植物的根叶,神魂就像植物的种子,根叶终有一死,种子却会留存下来,人得了道也是这样,神魂犹存而身体消亡。《老子》说:"我所以有大忧患,是因为我有身体,如果我没有身体,我还有什么可忧虑的呢?"(见《理惑论》第十二章)

牟子的这一段议论表明了他对"神魂"的看法。在他看来,神魂是不会死的,人死了只是身体消灭了而已,神魂却可以离开肉体独立生存。正因为神魂不灭,所以人死后就可能复生,只要能把神魂叫回来,刚刚死去身体尚未朽烂的人就可以重返阳间。然而不是什么人都能复生,有的神魂并不回来,而是跑去变成了鬼神。这就又引出了轮回报应论。

第二,既然人的身体犹如植物的根叶,终有一死,那么修道与不修道又有什么两样呢?

牟子回答说:有道德的人虽然也难免一死,但是他们的神魂将归于福地,为非作歹的人死了以后,他们的神魂将遭受祸殃。修道与不修道相比，就像黄金比草芥；行善与作恶相比，就像光明对黑暗，怎么会没有区别呢？（见第十二章）牟子这番议论讲的就是善恶报应论了。善恶的轮回报应是以神魂不死为前提的，因神魂不死，轮回报应才能得到解释。

第三，问者提出：孔子说："人还不能侍奉好，怎么能侍奉鬼？生的道理还没弄明白，怎么能懂得死？"这可是圣人说的话，而佛家却喜欢大谈生死和鬼神，这不是在否定圣人的话吗？

牟子回答说：你这样说正所谓只见表面而不懂实质。孔子对子路弄不清事情的本末主次不满，才在子路问怎样侍奉鬼神时作出那样的回答。《孝经》说："设立家庙，以侍奉鬼的礼节祭祀先人；春秋祭祀，按时追思去世的亲人。"又说："先人活着时要敬爱他们，先人死去后要向他们表示哀戚。"难道这不是教人们侍奉鬼神，懂得生死吗？周武王病重，周公想代替他去死，为此向周人的先祖请命说："我姬旦多才多艺，能侍奉鬼神。"这又是什么意思呢？佛家谈论神魂和生死，难道不是与此相同吗？（见第十三章）

《理惑论》对神魂生死的论述，再一次表现出佛教与儒家和道家相一致的基调。神魂不死和轮回报应毕竟是神秘的，让中国人接受这些信条，必须寻求中国传统思想的支持，这就势必要引儒道以说佛。牟子引用《老子》和《孝经》，又举出周公为武王请命的例证，说明神魂不死和轮回报应与道家儒家的经典并不矛盾，与圣贤的言行并无冲突。

善有善报、恶有恶报的轮回报应说，是佛教关于人生的价值和命运的基本理论，是佛教在民众中最具吸引力和影响力的一种学说，也是佛教得以在民间广泛而又持久流传的思想支柱。而这一理论又是依赖于神魂不灭论的，唯神魂不死，轮回转生才能够实现；也只有神魂不死，持戒修行或信仰佛教才有了实在的意义。因此，神魂不灭论实际上就成了中国佛教理论的主要支撑点。

印度佛教原本是反对神教的，大乘空宗从"缘起性空"的观点出发，否定一切实体，也否认有不灭的神魂。但是由于佛教讲轮回报应，就碰到了轮回的承担者问题，也即由什么来承担轮回，轮回的主体是什么？佛教传入中国以后，中国的僧人和当时的思想界解决这个问题并没有碰到多大困难，显然，轮回的主体必须是不朽的，而中国传统思想中本来就有"灵魂不死"的观点，于是轮回报应与灵魂不死就结合了，从而主张"神不灭论"就成为中国佛教的一个特征。

神不灭论在汉魏之际和南北朝时期尤其盛行。袁宏在《后汉纪》中说："又以为人死精神不灭，随复受形，生时所行善恶皆有报应,故所贵行善修道,以炼精神不已,以至无为,而得为佛也。"范晔在《后汉书》中也说:"又精灵起灭,因报相寻。"这是对当时中国佛教信奉神魂不灭和轮回报应的记载。其要点就是:相信精神不死,随后可以附体转生;生前的善行或恶行都有报应;因此要行善修道,以至进入无为境界而成佛。《理惑论》作为佛教论著对神魂不死所作的阐述,正与史书记载相应和。

神不灭论经过东晋名僧慧远和南朝梁武帝萧衍的宣扬,在晋末南北朝时期被进一步理论化、系统化。慧远著有《三报论》和《明报应论》,把印度佛教的"业报"轮回思想与中国的迷信之说结合起来,提出了"造业必得报"的主张。在佛教中,"业"泛指一切身心活动,慧远说:业有身业、口业、意业三种,又有现报、生报、后报三报,而生有前生、今生和后生。身业是指行动,口业指言语,意业指思想。

现报是此身在今生就会受到的报应,生报是来生也即后生将会受到的报应,后报则是经过若干年以后才出现的报应。慧远的这一解释意味着,今生的言行思想,不一定在今生得到报应;今生所得到的报应,也未必就是由今生的言行思想带来的,也可能是前生"造业"的结果。这样一来,行善就不能是短期行为,必须长期积累。而作恶也终有一报，现在不报是因为时候未到。这种富有弹性的理论圆满地解释了任何因果报应。

慧远还以"火薪之喻"发挥了"形死神不灭"的思想。"薪"就是柴木，形是指人体，慧远在《沙门不敬王者论》中比喻说："火之传于薪，犹神之传于形。火之传异薪，犹神之传异形。"这种形死神不灭，神魂可以在新的形体转生的思想，梁武帝在《立神明成佛义记》中也作了论证，其特点是认为在人体内有一个永传不断的"真神"，所以人人都能成佛。

中国佛教的神魂不灭和轮回报应的理论，受到了来自两个方面的批评。一种批评来自思想界，齐梁时的无神论者范缜撰写了著名的《神灭论》，提出了"形质神用说"，指出形是本质，神是功用，神是依附于形的。从而主张形消神灭。《理惑论》中的"问者"对神魂不灭提出质疑，也是来自思想界的批评。另一种批评来自佛教界内部，中国化的佛教仍然是一种佛教，如果它离开传统佛教太远了，自然会引起另一些佛教徒的指责。东晋僧人竺道生一反汉魏神魂说的传统，提出了佛性论。根据竺道生的佛性论，佛性非空，也不是神明；众生并没有生死中的"我"，一旦得理，就能成佛。

自从竺道生新意出奇地提出佛性论，又经过南北朝时期神灭论的辩争之后，中国佛教渐渐抛弃了汉魏以来的神魂说传统，代之而起的是隋唐百家争鸣的佛学研究风气了。

上述表明，《理惑论》中所讨论的神魂生死问题，实在是中国佛教史上影响至大的问题。《理惑论》阐述这个问题的意义在于，它印证了在汉末时候神魂生死已经被广泛谈论并引起争议，而当时的佛教信徒还拿不出系统化的理论张扬神魂说，因此借助于儒道两家的理论支持，就成为一种历史的必然了。

（5）批评神仙道术：《理惑论》严格区别了道家学说与神仙道术，一方面主张佛教和道家一致，另一方面又对道术提出批评。这表征着佛教由汉代向魏晋风气转变时期的时代精神。这一点前文已有论述，但是，批评神仙道术是《理惑论》中的一个重要内容，而且前论未详，仍需要予以评说。《理惑论》对神仙道术的批评涉及以下几个方面：

第一，问者提出：道教的神书一百七十卷，讲的是神仙不死的事，与佛经相比较难道有什么区别吗？牟子回答说：拿神仙书与佛经相比，就好像用五霸比五帝，用阳货比孔子，用小丘比高山，用细流比大河。道有九十六种，至尊至大莫过于佛教。神仙书听起来很动听，但是实际验证，就会知道都是捕风捉影。所以为佛教所不取，也是主张无为的道家学说所不赞成的。怎么能和佛经一个样呢？（见第二十九章）显然，这是针对道教著作提出的批评，认为神仙不死之书不可信。

第二，问者提出：道家术士，辟谷不食，说这种方术也是老子之术。佛家却反而吃五谷，为什么如此不同呢？牟子回答说：我看过老子的《道德经》，其中只讲到"禁五味"，并没有讲到"绝五谷"。圣人作了七经，也没有讲辟谷之术。世俗之人看到六禽屏住气不呼吸，秋冬季节不吃东西，就仿效起来，这是不懂得事物各有不同的特性啊！（见第三十章）这一批评是指出神仙辟谷之术没有经典方面的根据，既不见于《老子》，也不见于儒家典籍。

第三，问者提出：不吃五谷到底行不行呢？牟子回答说：我在信奉佛教以前，也曾经学过辟谷，先后拜过三位师傅。他们都称已经有几百岁的年纪，可是不出三年就都死去了。所以会这样，就因为他们绝谷不食，只吃百果，喝酒吃肉没有节制，以至于精神昏乱。各种各样的辟谷方法，实际上做起来都没有效果。在我看来，尧舜等圣人尚且没有活到百岁，想通过辟谷去求得长生不死是很可悲的。（见第三十一章）在这里牟子是以具体的事例说明辟谷之术实际上不可行。

第四，问者提出：据道家说，尧、舜、周公、孔子及其七十二弟子，都是不死而成仙的。佛家却说人皆

解　说　143

有一死，这又怎么解释呢？牟子回答说：那是妖妄荒诞的说法，圣人从来没这样说过。老子说："天和地尚且不能长久，何况人呢？"我在圣贤的传记中看到，尧、舜、禹、周公和孔子等圣贤也都有一死，人终有一死既有儒家经典为证，又有实际生活的事例为证，那种认为人可以长生不死的说法，不是十分荒诞的吗？（见第三十七章）这一番批评旨在指出神仙道术所追求的目标已经错了。辟谷不食的目的是得道成仙，长生不死，然而这是违背自然规律的，根本实现不了。这就从根本上否定了神仙道术的价值。

第五，问者提出：神仙方术可以做到秋冬季节不吃东西，躲进密室里累日不出，这可以说是达到了澹泊清静的最高程度，我认为这是值得崇敬的，大概佛家是赶不上的了。牟子回答说：你把南说成了北，还自以为没有迷惑，把西边当成了东边，还自以为不糊涂。你这样讲是在用鸥鸟嘲笑凤凰，用蝼蚁嘲笑龟龙。蝉可以不吃东西，但是君子并不因此认为它尊贵。蛙和蛇可以穴藏冬眠，但是圣人并不因此而敬重它。

孔子说：天地间有生命的东西中，人是最尊贵的，从来没有说蝉和蛙一类是可尊贵的。毫毛虽然细小，但是只要观察它就能看见它；泰山虽然高大，可是你要是背对着它也就看不见它。鲁国敬重季氏而不敬重孔子，吴国把宰嚭当作贤人而把伍子胥说成是不肖之徒，你认为佛家不如道术，也是像他们一样黑白颠倒了。（见第三十六章）这一批评是要划清佛教与神仙道术的界限。长生不死虽然不能使人相信，但是辟谷的法术却颇能吸引人。不食五谷确实具有刺激性，免不了有人由惊奇而生敬佩，甚至认为这是澹泊无为的典范。因此，指出辟谷不食只是左道旁门，不值得敬重，与佛教追求的澹泊无为完全是两回事。

牟子对神仙道术的批评是相当全面的，讲神仙道术的书是捕风捉影，辟谷的各种方法用起来都不灵验，道家和儒家的经典中都从未讲过可以绝五谷，长生不死是根本不可能达到的理想。一系列地尖锐批评，表现出中国佛教挣脱神仙道术羁绊的坚决态度。不过，《理惑论》在与道术决裂的同时，仍然把道家学说引为同道，这又是儒、道、佛相一致的思想反映。

从《理惑论》的内容要义可以发现，这部佛教论书有两个显著的特点：

其一，佛教理论上，汇通儒、道、佛三家学说。

调和儒家、道家和佛教是中国佛教的特点之一，在《理惑论》中就已经表现出这样的思想基调。牟子称佛教为佛道，对"道"的理解与《老子》的看法一般无二，又说佛与老子志在无为，这就把佛教和道家融会在一起了。印度原始佛教中也有"道"的概念，但其含义是指方法，不是老子所说的那种道。佛教追求的是"涅槃"，指的是消除烦恼、超脱生死的境界，与老子讲的无为也不一样。《理惑论》中对道也即佛法的解释已经是中国化了的佛教理论。

牟子在阐述佛教教义时又把佛教与儒家融合在一起，宣扬佛教做佛事时，与"古之典礼无异"，并极力调和儒佛两家在伦理观念上的分歧，强调佛教的善恶标准和儒家的道德规范一致。总之，在《理惑论》中，儒、道、释融汇贯通的思想非常明确并且贯彻始终。

其二，在佛教研究的方法论上，以中国传统思想证解佛教教义。

儒道释相一致的思想，决定了相应的研究方法。中国传统思想主要是儒家和道家的学说，《理惑论》几乎在阐述每一个佛教义理时，都援引了儒家或道家的理论观点。采用这样的方法研究佛教和宣传佛教，也是中国佛教的一个特色。

《理惑论》的主要倾向当然还是推崇佛教，牟子并没有把佛教与儒家和道家等量齐观。牟子说："澹泊无为，莫尚于佛。"又说："佛神力无方，尧、舜、周、孔焉能舍而不学？"他的态度是很清楚的。然而《理惑论》汇通儒、道、释的思想基调也同样清楚明白。这就提出了一个问题：为什么会出现这样的现象？

《理惑论》汇通儒、道、释，在方法论上引儒道以说佛，这是具有深刻的思想根源的。根据《理惑论》的序文，牟子既修儒家经传，又兼研《老子五千文》，最终锐志于佛学，是一位由儒而道，由道而佛的知识分子。他的学术道路，也是当时走进佛门的一般知识分子的经历。这样的知识结构，使他们很容易把儒家、道家和佛教的学说融合起来。然而这还不是根本的原因，《理惑论》乃至中国的佛教呈现出儒、道、释相融合的特点，其思想根源在于：儒家思想在中国传统思想中占据统治地位，道家思想的影响仅次于儒家。在这两种强大的思想理论面前，一种外来的宗教要想进入中国，遇到的阻力是可想而知的。

佛教从印度远涉流沙来到中国，势单力薄，一片陌生，面临着被中国传统思想迎拒的考验。佛教传播的风风雨雨一再提醒佛徒释子，要想使佛教在中国流传，就必须寻求儒家思想和道家思想的支持，与儒家和道家的学说相调和，从而形成了中国佛教汇通儒、道宣扬佛教的特点。《理惑论》则是这一特点由此形成的一个写照。

文化传播现象

佛教传入中国不仅是一个宗教现象，也是一个文化现象。《理惑论》也不只是一段佛教史的缩影，它也是一段文化交流史的记录。从《理惑论》的思想内蕴中，可以挖掘出文化传播的一些普遍规律，这些规律在今天也仍然给人以深刻的启迪。

（1）《理惑论》借助儒家和道家的学说阐述佛教的教义，昭示了一种普遍的文化传播现象：任何一种宗教或文化传播到异国他乡，都必须向当地的传统思想妥协，通过与当地传统思想的调和而谋求生存，寻求发展。这一规律在域外文化向中国传播的过程中屡验不爽。

有史可查的第一次西学东渐就是佛教的入华。佛教入华以后，渐渐大行于中土，至今历久不衰，信仰者众多，这一历史事实表明，佛教的传入是一次成功的西学东渐。而其成功的一个重要原因就在于佛教历来注意与中国传统思想协调，走了一条佛教中国化的道路。

汉代佛教依附于神仙道术，魏晋佛教依傍于老庄玄学，隋唐佛教与儒、道两家融合，宋明佛教日益儒学化，充分表明了佛教在每一个历史时期都与当时在中国居于主导地位的传统思想相调和。当佛教与宋明理学融合在一起以后,随着理学在中国备受尊崇,佛教也在中国根深蒂固了。长达千年的佛教在中国的传播,也即第一次的西学东渐,至此宣告成功。

第二次的西学东渐是欧陆宗教的传入,而其滥觞首推景教在唐代的流布。作为基督教一个支派的景教,曾由唐代宗钦准建寺传教,但是当时信教的主要是来华的西域人,以后也没有在民间产生广泛影响。经过义和团的猛烈冲击,第二次的西学东渐最终失败了。究其失败的原因,就在于欧陆宗教从一开始就没有主动地中国化,忽视了与中国传统思想的沟通。这样,尽管欧洲教会派遣多批传教士来华,递交了大量文书,甚至争取了宫廷中像徐光启、李之藻一类的知识分子,也最终没有被中华文化所接纳。

这两次西学东渐的不同结果表明:纯粹的、没有经过中国化的外来文化不可能在中国立足生根。外来文化只有与中国的传统思想汇通融合,才能落地生根,普及行远。

(2)一种文化向异域传播,总会经历由表浅到深入的过程,而当地人们对这种文化的认识,也会经历由感性到理智、由具体到抽象的过程。在《理惑论》中,"世俗之徒"关于佛教问题的提问,表现为两种情况:针对"佛"和"道"的提问,是出于无知而发;针对沙门行为的提问，则多有非难之辞。这一细节正是说明，在佛教初传未久时，译经的数量还不多，人们对深层的佛教义理尚不了解，仅是通过沙门断发、不娶妻、披袈裟等具体现象了解佛教的。

"明帝求法"的故事也透露了一些情况。明帝梦见"金人"飞在殿前，有人告诉他这就是印度的佛，可见佛的传说是先一步传进来的。使者从印度求法回来后，明帝在洛阳城画了许多佛像，说明佛像是来华很早的，佛经的大量翻译则是后来的事，至于中国佛教自成一种理论，更在其后了。

近现代的中国从西方引进先进的科学技术，也经历了由具体到抽象的过程。科学技术可以分为"硬体"和"软体"两类元素，机器设备是硬体，也是具体的东西；管理的体制、方法和理论是软体，也即是抽象的东西。

在近代有魏源、严复等一批先进的中国人积极学习西方科学技术，首先提出的是"师夷之技以制夷"一类的主张，首先做的事情是开工厂造铁船。但是硬体的引入并没有摆脱落后局面，于是严复发出了变法维新的呼吁，稍后更有康有为等人的变法之举。这表明学习科学技术的层面深入了，由表浅到深层，由具体到抽象了。当代中国的现代化建设在学习世界先进科学技术方面仍然遵循着同样的规律。引进了先进的生产线，需要与之相匹配的管理体制和理论，这就促进了体制的改革，体制的改革又引起了观念的更新，这就走向更深一步的层次了。

（3）《理惑论》还揭示了这样一个文化传播的规律：一种文化在传入异土之后，如果不断壮大，历久不衰，那么它一定是善于把握时代的脉搏，不断地进行自我调整更新，从而贴近当时的生活，与当地占据主导地位的思想理论相契合。

《理惑论》一方面与老子融通，一方面强烈批评神仙道术，它所表现出来的这一时代精神，预示着中国佛教的一个历史转变时期的到来。汉代佛教依附于道术的历史行将结束，魏晋佛教崇尚老庄的玄风渐起，《理惑论》以浓缩的形式反映了这一风气。佛教在中国的传播获得成功，正是得益于能够伴随着社会变迁改革自己的理论。隋唐以后，中国佛教提出了佛教人间化的口号，从而更加贴近现实生活，为中国佛教的发展注入了新的活力。佛教在中国并不是没有碰到过危机，也曾出现过低潮，能够摆脱危机，走出低谷，正是凭借了勇于变革的精神。

在晚清之际，中国佛教出现了与人间日远的倾向，佛教徒热衷于隐遁静修，不愿关心人生和社会，遂使佛教在相当程度上变成一种"超亡送死"之教。这种情况引起当时佛教界有识之士的忧虑，佛教改革的呼声渐起。率先对佛教进行改革的太虚大师著文说："近代思想，以人为本，不同古代之或以天神为本，或以圣人之道为本。"（《救僧运动》）因此，"现在讲佛法，应当观察民族心理特点在何处，世界人类的心理如何，把这两种看清，才能够把人心所流行的活的佛教显扬出来。"（《佛陀学纲》）这一思想是很有见地的。顺应时代潮流则生，僵化不变则死，不只是传入中国的佛教如此，任何一种文化要想发扬光大，都必须以新的姿容面向世界，都必须张开臂膀，拥抱生活。

附录

牟子的研究

福井康顺

绪言

《牟子理惑论》(以下简称《牟子》),长久以来便已受到学术界的关注。但是,有关的文献现在大部分已经失落,缺乏线索,仅有的资料实在很有限,而且大部分的议论也都是在相似的情况下绕圈子。因此,以本文的论点来说,乍看之下好像也是在重复旧论一样。但是,其中尚包括有我自己的见解。当然,有些是受前人的开拓而被启发的,有些则是对于前人看法的检讨。所引用的证据难免有许多不得已而重复的地方,在此草记小论,并请给予批评指教。

《牟子》在中国的思想史上,特别是在研究六朝的中国思想史时,大概是任何人都感到困惑的一本书。相传,在后汉末的南部地方,当时中国的思想界是儒家和老庄的天下,这和流传不久的印度思想即佛教的交涉论难,很早就在后汉末被阐述了。因此,现在如果无法找出那类的文献,或者忽略了《牟子》一书,则六朝的思想史就不能正确地理解,是言不为过的。但是,问题是本书如众所知的,关于它的性质,很早就有疑问出现,迄今更是缺乏一种定论。

牟子之名,首见于刘宋时代陆澄所撰的《法论》①。而收在梁僧祐撰的《弘明集》卷一之首,一直流传至今日。②为一般学界所知道的问题是在较晚期的时代,像是清朝以后,孙星衍即将其收入《平津馆丛书》,然后再纳入《百子全书》中。

但是,《牟子》被收入《平津馆丛书》时,关于它的撰写时间很早就被怀疑着。洪颐煊在嘉庆十一年写的序文中就说:"《后汉书·牟融传》:融,代赵熹为太尉,建初四年薨。是书自序云:灵帝崩后,天下扰乱。则相距已百余年,《牟子》非融作明矣。"此疑问,明末的胡元瑞也在其《少室山房笔丛》中提到过,主要是对《隋志·子部》儒家条中"牟子二卷,后汉太尉牟融撰"的批评。但不管怎么说,洪颐煊的说法,在后代也时常被提到。以此作为契机,关于本书就有许多的研究被试过。

《牟子》，在其开头附有序和传一样的文章，小论称此为序传。但关于本书的议论，则是由序传而产生了分歧的现象。即不知是相信序传，视《牟子》为后汉末的作品呢？还是暂且撇开序传，批评本文，而以其结果反过来说序传是假托的呢？不过小论的立场并不立即赞同哪一个。另外，学界（特别是我国）的大多数人，在洪颐煊之说以后，听说多半都不相信序传。因此，在这种情况下，下面两种有力的说法就被采用了。一个是，梁启超《牟子理惑论辩伪》中"东晋刘宋间人伪作"的说法[3]。另一个是，常盘大定博士的"宋朝治城寺的僧侣慧通假托牟子伪作"的说法[4]。小论为了方便起见，将称前者为晋宋间成立说，后者为慧通伪作说。但前者早就在《少室山房笔丛》卷三十二的《四部正讹》下讨论到一些，而在清朝孙志祖的《读书脞录》卷中，也可看到"两牟融"的讨论。[5]梁启超的说法，实际上大概就是由此启发的，但是不管怎么说，对于此种见解，周叔迦教授曾经写了《梁任公牟子辩伪之商榷》一文而加以辩驳[6]。另一方面，慧通伪作说，不知何故在中国看不到议论，反为法国的伯希和 P. Pelliot 教授来评论。

伯希和的观点是立于所谓后汉末成立说上面的。在《Toung Pao》(《通报》)上发表的《Meou-tseu ou les doutes levés》, raduit et annote' 就是牟子的译文和注释，这和序论一样，都断定牟子是后汉末才成立的，也就是说本书成立于第二世纪末。与此相对的，马司帛洛 H. Maspero 教授，其《Le songe et lambassade de lempereur Ming》, etude critique des sources，在"明帝的感梦和遣使"中，则认为是第三世纪中期成立的。但伯希和的研究，如上所述的，到所谓的慧通伪作说都论述的很详细。⑦以其硕学，令人感到本书的研究已被完成一样。根据其追述，这是在第一次世界大战前后，经二十年来研究的。因此，这之后周叔迦就写了如上的论点。对此，胡适教授曾公开发表《与周叔迦论牟子书》。可说无论是谁，其着眼点都是很新的，并常补述伯希和的研究。⑧再者，也可看到余嘉锡的《牟子理惑论检讨》⑨。

　　本研究是以牟子形成的问题为中心，首先批评其伪作的说法。特别是从各种角度来检讨，被认为最有力的论证即是慧通伪作说。接着是转向现在牟子的体裁来检讨它的原形，即它的旧本是二卷，现在的一卷本是旧本的略抄等的考证。然后，论到本书成立的时期大概是在吴的中期，并研究那个时代交州的政治、学术的形态及作者的环境。最后结论，以上面的推想作基础，概括本书主人公牟子的行迹。不管怎么说，本研究对有关牟子可以谈的问题，将从各方面来检讨。

主要的，我对于《牟子》的所谓后汉成立说是不敢苟同的。此点，我关于本书体裁的论点，特别是和伯希和的说法不一样，从结论来说，论旨是不同的，但可以说和马司帛洛的说法较相似些。

附带说明，目前的问题是《牟子》一书，如人所知的有理惑、理惑论、辩惑等等名称。本研究为求方便，决定全部用牟子来称呼。又，牟子有读ムシ，有读ボウシ的。因此，《牟子》就传为我国片假名ム的汉字。但是，在此我想读作ボウシ。我国具平亲王正历二年（公元九九一年）撰的《弘决外典抄》，在现今所传的写本卷首上，也可参照其牟字读モフ的片假名。

牟子伪作说的批判

慧通伪作说

以牟子为慧通作品之说的论据，主要是因为《牟子》的字句和慧通的《驳顾道士夷夏论》颇为一致。但也有人说，那并不是巧合，而是表示牟子是慧通伪造的意思。因此，以往人们对本书不信任，正如本文一开始就在序传所说一样，对于它的内容的真实性是碍难承认的。

但是，两本书的字句一致，这在中国的文献上并不是稀有的。因此，以此为重点的说法，是不易被人赞同的。

举例来说，首先将《弘明集》卷十四中释智静的《檄魔文》和《广弘明集》卷二十九中北周道安的《檄魔文》加以比较⑩，一看便知这两篇文章在字句上是完全相同的，可以说《弘明集》是在补述《广弘明集》。既然如此，为何要再记载这种相似的文章呢？当然，大概是舍不得割爱吧！虽然这是题外话，但是关于这点实在是不无疑问的。第二个例证是，《弘明集》卷六中南齐明僧绍的《正二教论》和《广弘明集》卷八中北周道安的《二教论》⑪，在此，无法一一加以比较；实际上我们只从《二教论》的标题便可知道两者是相通的。第三个例证是，从《弘明集》中可以看出，卷二宗炳的《明佛论》和卷十四末僧祐的《后序》，在字句的表现上是一致的。⑫这和上述的例子一样，很容易就可看出来，现在试举二三个实例，《后序》"若疑经说迂诞，大而无征者，盖以积劫不极，世界无边也。今世咸知百年之外，……不信积万之变，至于旷劫"的说法，大概就是由《明佛论》开头所说"世多诞佛，咸以……万里之事，百年之外，皆不以为然。……无量无边之旷，无始无终之久，人固相与凌之，以自敷者也"脱胎换骨出来吧！这更可从接续上文的《明佛论》的"是以居赤县于八极，曾不疑焉"，《后序》有"赤县之表，必有四极"之说加以确认。因此有这种见解的人，批评《明佛论》是"井蛙之见"，嘲笑《后序》是"井识之徒"。如此来检讨，二者之间更有一些相似的地方会被发现，并且这些地方绝不仅是偶合而已。譬如讨论神的灭不灭，《后序》是说"周孔制典，昌言鬼神"，并引用《易经》的其他部分，特别是叙述"书称：周公代武云：能事鬼神"。而另一方面，明佛论是讨论形和神的关系，就是"周公郊祀后稷，宗祀文王"一段所说的。大体，《后序》和《明佛论》在此情况下，都是讨论神的灭不灭，因为《明佛论》首先也被称为《神不灭论》，所以前者是采用后者的论点并不足为奇。总之，上述的两篇文章，实际上所写的是相同的意思是难以掩饰的。如此，在《后序》中讨论"七十四人在佛经"的佛教的东传，常常引用的《列仙传》的序，也可以说是因袭明佛论的（引用《列仙传》的这种议论，或是《明佛论》的情形，大概现在是最古老的吧）。同样的情形，佛图澄知道临淄露盘的故事及关于白起和项籍坑埋六十万人的报应的故事，还有关于犍陀勒、耆域、竺法护、道安等故事也被指出。因此，由上面的例子来推想，可知《后序》有很多地方是从《明佛论》的字句和构想中照原样地引用。反过来说，从这种事实上来推想，上述两本书，哪一本是伪作的，似乎不能很快断定。而当前的悬案是《牟子》和《驳顾道士夷夏论》之间潜藏的字句的一致，但是以此来推定《牟子》的作者的论据，并非是很有力的证明。

像上面的例证，即照原样地引用前人文章的字句或是构想，乍看之下，可以说和剽窃相似。像元朝妙明子子成的作品《折疑论》[13]，在全五卷上照原样地挪用目前的《牟子》的字句、笔法及构想，跟上述列举的种种例证比较时，它的时代是较新的。从它所认为的《牟子》的性质来说，是颇恰当的，但另一方面却是部讽刺的著作。对于慧通伪作说，可以讲它最后所下的断定是较繁杂的，下面就将指出《牟子》和《折疑论》的一致处[14]。

从《折疑论》能很明白地了解《牟子》，这是首先被注意到的一点。即称为《牟子》的这个书名，在《折疑论》的《随宜》第十五和《会名》第二十上可以看到。前者是引用现在的《牟子》第二十五章，但后者在现在的《牟子》中似乎看不到。不过，从《文出破邪论》的注来推测的话，那大概是误用了《破邪论》卷上的"子书牟子二卷，盛论佛法。……清净法行经云"所致。

其次的问题是,像这样引用《牟子》的《折疑论》,以其所表现的,和《牟子》相合之点实在是很多。例如对于称《折疑》这书名,最初的详注和记述的《叙问》第一的文章,是与《牟子》的序传和笔法完全相同的,而且,接着的《圣生》第二的文章完全是从《牟子》的第二章来的。即"客曰:佛之所生存何邦域?……富哉问也。予虽不敏,略示所知,以报吾子"所说的,和牟子的"或问曰:佛从何出生?……富哉问也。请以不敏,略说其要",不是正好相合吗?如此看来,关于《折疑论》释尊的故事,和《牟子》第一章的记述相一致,一点也不是巧合,只有一些不同的地方是,《折疑论》乍看起来,别的构想方面较长些。那是因为《折疑论》是后世的文献,而只不过是增加些丰富的资料而已。并且,《牟子》的文章,实际上现在所看到的是否就是最初的,尚是个疑问,关于这一点将在以后讨论。《折疑论》与上述同样的情形,其《问佛第三》的内容是采用《牟子》第二章到第四章中的要点,《喻举第四》和《牟子》的第五章、第六章的关系也是一样的。[15]此外《折疑论》和《牟子》的关系,在《宗师》第五和第七章,《通相》第六和第八章,《论孝》第七和第九章中,也可明确地推定。

　　以上是以《牟子》和《驳夷夏论》之间被发现的表

现的一致，而说大概前者是后者的作者慧通的作品。不过对此种说法，也有人表示难以赞同。

因为如果仔细地检讨当时的情形，即慧通的身份和他身边的关系，以及《法论》的撰者陆澄的身份和学识等等，说慧通是匿名写了现在的《牟子》的解释，实在是很难成立的。

现在就此点来讨论，如前所谈的，《牟子》这个书名，至今在宋代陆澄敕撰的《法论》上首次被看到，也即是最古老的记载。在那里面，如众所周知的，被特别写了"牟子不入教门，而入缘序，以持载汉明之像法初传故也"[16]，并且被认为那是佛法东传的古老资料。又，上文的"持载"有时被写成"特载"。但是，因为在古老的《中庸》篇里可以看到，所以上面那样的记载大概是对的。为了以后议论的关系，在此先给予提示。

因此，问题是，假如像论者所说的《牟子》是慧通所伪作，则陆澄大概是轻率地被慧通给瞒住了。换言之，慧通是掠取同时代学者们的见解，而能贯彻其假面具直到宫廷中。但是，不管从陆澄的学识上来说，或是由当时学界的实情来说，无论如何这都像没有被思考过的事一样。以下就来论证此事。

首先从陆澄的学识上面来考虑。陆澄，在宋明帝泰始初年为尚书殿中郎，因议论皇后之讳，被免职坐罪。

泰始六年（公元四七〇年）和仪曹郎丘仲起共同议论皇太子服冕的事，升迁成为御史中丞。因此，《法论》的"中书侍郎陆澄撰"，是泰始六年以前的事情，这在以后检讨《驳顾道士夷夏论》及《牟子》的关系时，是很重要的问题。陆澄后来在齐仕事，建元元年（公元四七九年）被褚渊弹劾，隆昌元年（公元四九四年）转为光禄大夫，但实际尚未就任，就以七十之龄去世。详细情事在《南齐书》卷三十九和《南史》卷四十八中他的传记里可看到。由于他的学识非常渊博，从下列所举的各点看来，实无庸怀疑。因此，这对检讨目前的慧通伪作说是颇为重要的。

说陆澄博学的第一个证据，从南齐书上明白所述的"少好学，博览无所不知。……世称为硕学"，可确实地推定。另外，在《出三藏记集》卷十二上说到他"博学洽闻"[17]。因此，即或是按照竟陵王子良的问题而对古器物加以鉴定，或论述王俭和《孝经》的郑注而主张那是伪作，这些事也都可正确地被证明。第二个证据是"（王）俭，自以博学多识读书，过（陆）澄。……俭、集学士何宪等，盛自商略。澄侍，俭语毕，然后，所遗漏数百千条，皆俭所未睹。乃叹服"。王俭，如人所知的，是以《七志》四十卷、《元徽四部书目》四卷的撰者而闻名。从上述可知笃学者的王俭是在陆澄的博学之下。第三，陆澄是个"家多坟籍，人所罕见"的藏书家，这也是他博学的征证。他是否曾用到呢？或者是像我们知道的，在《隋志》的史部中编集"聚一百六十家之说"的地理书，或是要著《宋书》却都没有完成，而被王俭批评为"陆公书厨也"。在他的《笔丛》卷三十八的华阳博议上内，以"著者博学而擅文辞者，列举了左丘明、司马迁、韩愈等十余人"；另外王俭自认为及于陆澄之上，而论"陆澄、李善辈，咸负书簏之讥"这一点使他屡次招致笔祸的事。[18]

知道了陆澄的博学，反过来说，现在的《牟子》应该不是掠取陆澄的看法而被伪作的。特别是如上所说，他当时正在著《宋书》。从其经历来看，也可想像他在那时有很多的稀觐本，并拥有文献批判的丰富学识。有才干的他，现在正著《宋书》。是为了什么而被当前的牟子所瞒着呢？如此看来，可能被想到的事有下面几点：其一，是慧通和陆澄，像下面的考证可说是完全不认识的。因此，也可从此点推测，慧通如果没有瞒着陆澄的话，则其相反亦不可能。梁高僧传卷七的慧通传说[19]：

　　止于治城寺。……东海徐湛之、陈郡袁粲，敬以师友之礼。孝武皇帝，厚加宠秩。敕与海陵小建平二王为

166　牟子理惑论

友。袁粲,著遮颜论、示通。……制大品、胜鬘、杂心、毗昙等义疏,并驳夷夏论、显证论……等,皆传于世。

依此记载可知,慧通是住在京师的名刹治城寺中,开国的名臣袁粲敬以师友之礼,为武帝所厚待。此处的问题是,袁粲好像是经由褚渊而间接地认识陆澄,这是从上文所引的陆澄传中被推测出来的。即陆澄是因褚渊而被弹劾的,但褚渊和上述的袁粲有很密切的关系。盖《南齐书》卷二十三的褚渊传说:明帝崩逝,遗诏褚渊和袁粲辅助幼主,他俩乃"同心共理庶事"。[20]

上面的考证,可从当时治城寺的性质或是住僧等而更增强。治城寺的治城在六朝时代的建业,是所谓的三城之一,寺是建立在险要之处。[21]在宋明帝的时候,僧瑾是天下僧主之官而住在那里。根据《梁高僧传》卷七的《僧瑾传》,他在明帝尚是东湘王的时候,因武帝的敕命成为他的老师,在目送明帝临终以后,于元徽年中以七十九之高龄圆寂。[22]也就是陆澄敕撰《法论》的时候,他是天下僧主,住在治城寺中,但是当时在治城寺的慧通是为什么而要伪造有问题的《牟子》呢?深一层想,僧瑾乃是天下僧主。因此,看来大概是和《法论》的敕撰有关。由此观之,愈可认为不是慧通的伪作了。更增加上述疑问的事情是,明帝的时候,在治城寺

附 录 167

中尚有个与陆澄深交的僧若。《唐高僧传》卷五的僧若传说[23]:"住虎丘东山精舍。……出都,住治城寺二十余年。……尚书陆澄,深相待接。年三十二……东返虎丘。……以晋通元年卒,春秋七十。"从上文来推算的话,僧若在治城寺是从宋武帝大明年中到齐武帝永明年中的事了。因此,在《法论》撰时,他一定在那。果真如此,从《法论》的性质或是陆澄和他的交情上来看,可以知道僧若大概也与《法论》的撰述有关。在此情形下,就不难了解为什么慧通要伪造《牟子》了。

再者,僧瑾和少子周颙也很亲密。周颙和《门律》的作者张融争论而为人所知,不过,治城寺里当时似乎住了许多僧人。除上述而外,例如文帝时的《白黑论》,即作《均善论》而受佛教徒抨击的慧琳也是此寺的人[24],对于此人,宗炳和何承天反复激烈争论,就是《弘明集》卷三、卷四所记载的事。因此,陆澄如果也是被慧通所伪骗(此种不可能的事上面已繁杂地说过),为什么当时慧通能潜藏在治城寺的僧侣们之中,又在学术的抗争意识中躲避,来伪作《牟子》呢?特别是《法论》,关于《牟子》其着眼的理由如前所示,是说记载"汉明之时,像法初传"的事实,即以佛教东传的根本文献来着眼。继陆澄之后,梁朝刘孝标(由梁书本传推算,他在泰始之初是八岁)注释《世说新语》,在其卷上的

《文学》第四，说到佛教的传入，其中引证《牟子》的部分，似乎和陆澄持有相同的见解。若是那样，这问题对佛教徒而言，则是很值得关心的一件事；问题是，当时慧通为何能够欺瞒与他有密切交情的众多僧侣和朋友呢？

以《牟子》作为佛教东传的根本资料，尚有唐的《历代法宝记》[25]。但是，关于刘孝标在《世说新语》中引用《牟子》之事，尚有如下之事，即依《梁书》卷五的本传说，他在以后喜爱书到了被称为爱书狂的地步，因此，也从事于校阅当时秘阁藏书的工作。若是那样的话，则如上述的他对于《牟子》的态度是真的很奇异，大概他也被（假如采纳慧通伪作说的话）慧通所瞒着呢？

上面的说法，是以推测《法论》的撰写时间，并从其他方面来讨论。关于《法论》的撰写时间，已有伯希和的说法。按照其说，陆澄从公元四六五（泰始元年）到四六九年（泰始五年）之间，为中书郎或中书侍郎，而《法论》即是在那期间成立的[26]。

不过，以《牟子》为慧通伪作的观点的理由，是说《牟子》是慧通反驳《夷夏论》（即写《驳顾道士夷夏论》）之后，再以牟子之名匿名写的。若是那样的话，则牟子是在《驳顾道士夷夏论》出现后所写成的，可说那是于《法论》被敕撰以前就存在了。根据《佛祖统纪》，相传《夷夏论》是泰始三年（公元四六七年）的作品。[27]关于这点，也令人相当怀疑，但假使没有其他的反证而暂且相信这个年代的话，上述之说好像也无法真的成立。盖从《法论》的撰写时间来推测，《法论》和《牟子》都是同样作于大致的时期的书籍。更进一步地说，陆澄是在敕撰《法论》之时，被眼前伪作的典籍所欺骗，而将其记载佛法初传事实的根本资料，很快地报告到朝廷去的。

论及《夷夏论》、《驳夷夏论》和《牟子》的关系时，在此想到的一点是，所谓相信慧通伪作说的论者，视《牟子》好像是补足《驳夷夏论》，这是否是适当的呢？若回顾上述《法论》和《夷夏论》的时期，这完全是前后颠倒的想法。如前已提及的，由于其论据的新观点，而不相信《夷夏论》问世于泰始三年之说的话，则此也是一个问题。亦即像上述的想法来说的话，可谓在《牟子》被书写的动机和主旨之中，应该潜藏有和《夷夏论》所说正好相反的地方，其中至少能被看出和《夷夏论》无论怎样都不能相容的片段来。但是，其中果真能被看出这样的论点吗？下面将就此问题加以检讨。

《夷夏论》，不用说乃是讨论起源于外夷印度的佛教，在"中夏"也就是在中国，其思想的优劣不管怎样都不能施行的事。《弘明集》卷六和卷七有很多的记载对于《夷夏论》加以反驳，其分量就现今的《弘明集》全书而言，比例最大；可想而知它真正攻击佛教虚空的论点，在当初是如何地被注目了。至于《南齐书·顾欢传》末所见的论赞，提到《夷夏论》，且因此作了例外的长篇文章，也是难以忽略的。

此处的问题是，在《牟子》的什么地方能看到像挫此《夷夏论》有力笔锋的辩论呢？这不仅对慧通伪作来说，即在一般的牟子批判上也是个重要的问题。论者视《牟子》第十四章和第三十四章为关于夷夏的议论。但是，前者是引用孔子的"君子居之，何陋之有"及"传曰：北辰之星，在天之中，人之北"，来叙述夷不一定是夷，"汉地未必为天中"的旨趣。后者只不过是以佛法发生的"异域"，在现在的地方无法知道那里，而非难为"徒观其文，而信其行"。而且，反过来在第二十四章所看到的"至味不合于众口，大音不比于众耳。……韩非，以管窥之见而谤尧舜，接舆以毛厘之分而刺仲尼。皆耽小而忽大者也。……天道无为，非俗所见"，这和《驳夷夏论》所引的《夷夏论》"刻船桑门，守株道士，空争大小，互相弹射"等等，也令人感到是相类似的。又，在第一章有"盖闻佛化之为状也，积累道德，数千亿载，不可纪记"来略述释尊一代的行

附 录 171

径，在最后引用《老子》第二十一章的"老子曰：孔德之容，唯道是从，其斯之谓也"，并且引用《正二教论》的《夷夏论》开头引证的《玄妙》内篇和《瑞应本起经》的文章，主张"二经之旨，若合符契"的那种态度，也令人感到反而像是并行的。在此，《牟子》并不是反驳《夷夏论》所说，然究竟是同意它呢，或是追随它呢？这两种情形都是很有可能的。

说起来，慧通假如就是《牟子》的伪作者的话，则在作《夷夏论》之前，是在怎样的意图之下，来伪作后汉末人牟子这种理惑的作品，且在其序中伪作作者的传记呢？又他虽然不急于使当时的论敌沉默，但是有什么目的呢？那和他几乎是没有直接相关的书会使之问世吗？

依据《南史》知道，顾欢是跟从慧远的弟子雷次宗学习。那样的话，几次在《牟子》中出现关于佛教的入门，一方面是启蒙的话，例如第一章佛诞生的始末，关于第二章和第三章佛与道的字义的质问，第八章关于佛的相好的质问，第九章至第十一章僧人的剃发及孝道的关系之论，又在几次提及的第二十一章中所见的佛法东传的事情等等，这些对顾欢而言，大多是多此一举的闲文字。那么现在，慧通是为了什么目的而写的呢？

讨论到此的话，结局为慧通伪作说是不能成立的。

若回过来看，也可以说慧通是近于剽窃的照原样挪用《牟子》的字句。

现在，以《牟子》和《驳夷夏论》之间，所被发现一致的文句来比较的话，在《驳夷夏论》中可看出那些都是完全从别处引用来的论点。例如，《牟子》第三十五章说的"牟子曰：轻羽在高……"，《驳夷夏论》则为"譬若轻羽在高……"，"譬若"二字所相当的就是《牟子》。第三十六章"牟子曰：指南为北……"，在《驳夷夏论》是"谚曰：指南为北……"，又以"谚"字来引用。又，第三十七章的"吾览六艺，观传记，尧有殂落，舜有苍梧之山。……"，在《驳夷夏论》中则突然地成为"故舜有苍梧之坟。……"，而且"尧有殂落"的这一句却没有看到。与这些相似的例证，在第十八章、第二十八章、第三十章等等，和《驳夷夏论》之间也可以指摘出来。㉘在此微小的差异中，似乎是暗示着前者和后者之间，潜藏有取材的前后关系。

本来，慧通假如一开始就企图欺骗世人而写《牟子》的话，他难道不在《驳夷夏论》和《牟子》之间，极力避免如上所述的同样笔法的文章吗？前文已提过，慧通反对《夷夏论》，除了上面问题部分的《驳夷夏论》之外，还写了一个对《夷夏论》的反驳，这是代袁粲所写的，从《南史》和《南齐书》的《顾欢传》，可知其概略。慧通在那种情形下，断然地以不同的方法来写《驳夷夏论》，而绝对不会露出他是袁粲的代作者的马脚，这大概是正确的理由吧！何况，在那当时，如上文所详述的，以博识者而为世人所知的陆澄就在他的眼前，还有王俭也在，而且在治城寺有许多的学僧。另外，《夷夏论》在当时是个很大的论题。为什么慧通在这样的情势中，一面可将此拙劣至极的伪托之书问世，而且还能赢得显著的信赖呢？

在这里我想到了《梁高僧传》卷六《慧远传》中如下的逸事。那是，慧远门下的雷次宗，把慧远《丧服经》的讲义照原样的窃取，然后加上义疏的名称，宛如是雷次宗自己的作品问世一样。然后，被同门的宗炳责难说："昔与足下，共于释和尚间，面受此义。今便题卷首，称雷氏乎？"[29]在《隋志·经籍部》礼条中所看到的"略注丧服经传一卷（雷次宗注）"就是。总之，此轶事也使人想起说郭象窃取向秀的《庄子》的注释话，以及湘东太守何法盛剽窃《晋中兴书》七十八卷而伪造的话[30]，从这些事可以使我们想到当时的风气。再回顾像在《牟子》和《驳夷夏论》之间被发现的近于剽窃的挪用他人的文章，可以想到在六朝时候这种事似乎并不是稀有的事。若是那样的话，《明佛论》的文句不断地被《弘明集·后序》所挪用，如今回顾起来，可以说任何一点都显示了当时流弊的破绽。而且，可以说字句与构想的一致等事，实在是不易决定其笔者（特别是在中国）的。在唐朝意林所引后汉仲长统的《昌言》中说："天下学士，有三奸焉。"其中有一条是"窃他人之说，以成己说"，可见这种流弊，其由来委实已久。

晋宋间成立说

从以上种种的角度而论，慧通伪作说是令人难以承认的。另一方面，胡元瑞及梁启超所主张的晋宋间伪作说又如何呢？同样地，那也是令人难于赞同的。关于这一点，从以上所列举的慧通伪作说的一些理由也恰好符合；若尚有其他理由，则有下列数点可言：

其一，《牟子》结合了佛陀和老子的教理，但一点"老子化胡"说的痕迹也没有。因此，这种态度被认为是不存在于晋宋之间的。《牟子》严加区别老子和神仙术的态度，依后文的考证，则认为是从虞翻而来的；但早在西晋末年葛洪的时候，老子就明显地和神仙之说结合了，而《牟子》文中，连繁杂的《抱朴子内篇》也未引证。因而到了宋朝，像颜延之的《庭诰》中有"为道者，盖流出于仙法，故以练形为上。崇佛者，本在于神教，故以治心为先"[31]，佛教和神仙术的区别乃趋于普

附录 175

遍。在此种情形下，假如《牟子》是晋宋间的作品，那么，它大概就持有和潮流不同的态度了。但是，《牟子》出现在《老子化胡经》后的"晋宋间"，其中却连一点"老子化胡"说的痕迹都难以发现。《老子化胡经》是西晋惠帝末年王浮的作品，相传那是依据《晋世杂录》，老子和尹喜叙述印度"化胡作佛"的意思而来的[32]。从此观点而言，老子欲借佛阐明其意，而此种倾向，从后汉末期就为人所知了。《后汉书·襄楷传》即明记此意，因此，受到佛教徒的强烈排斥。西晋以后佛教徒的老子观，总不以佛老为同等，似乎二者存有优劣。

反之，当时《牟子》为何持有不同的态度呢？那是因为《牟子》将佛比拟为老子，另一方面，在其言论中，处处表现出结合佛老思想的倾向，特别是第十二章和第二十二章更为明显。因而也可说《牟子》全书三十七章，是仿照"老子《道德经》三十七篇"而来的。这种态度到晋时被称为格义，在《出三藏记集》卷七法句经中[33]，已可见出此种倾向了。

始者维祇难，出自天竺。以黄武三年，来适武昌。仆从受此五百偈本请其同道竺将炎为译。……仆初嫌其辞不雅，维祇难曰：佛言依其义，不用饰。……座中咸曰：老氏称，美言不信，信言不美。仲尼亦云……明圣人意，深邃无极。今传胡义，实宜经达。

　　此序作者未详，但似乎是支谦的作品，"仆"大概就是指他吧！㉞关于此序，留待后文再行讨论。而值得注意的是黄武三年（公元二二四年），正是《牟子》出现的时候。《牟子》以佛教为本，并引用老子、孔子之言为佐证；从上述所言便可窥知其一二，且于其文意中也可知其端倪。惜因证据不足，无法再援例说明之。果真如此，则《牟子》的态度可以说是开晋代格义之先河，但当时人常用三玄（即《老子》《庄子》《易经》）作为格义之本，而今却用《老子》作格义，《庄子》和《易经》却很少提到了。就此点而言，不也表示《牟子》之格义先于晋代吗？

　　其二，《牟子》中有关于佛教的问答，很少是浅稚的，这也足以表示《牟子》不是出生于晋宋之间的。

　　另外，《牟子》第一章中有佛传的争论，而这个争论在晋宋间极为热烈。后汉末年佛传的翻译为数不少，《修行本起经》很早就被竺大力、康孟详共同译出，《修行本起经》被视为佛传的初分，而中分的《中本起经》也在献帝建安年间由康孟详译出，稍后，在黄武年间《瑞应本起经》也已经译出。㉟所以，《牟子》第一章中采用的《佛传》，在晋宋时已是普通常识了。此正足以表示《牟子》并不是那么新的，而且也不是晋宋时作的。

假如当时人知道罗什和其门人，在佛学方面的发展，以及道安、慧远等人在实践方面的成就，则上述的理由是可以采信的。果真如此，那么，《牟子》第二十二章中说的"设沙门有至道，奚不坐而行之？何复谈是非，论曲直乎？"是真的丧失了其非难的对象。其次，向来学者对《牟子》一书出现的时期，皆以后汉末年至三国吴之间为研讨的范围；而此期间，佛典被大量地译出，这可从较近的佛教大事年表上得知。牟子的佛教知识，可以推定是他在交州时得来的，关于此点，在后文考说牟子行迹时再行详论。

其三，是第二十九章中"神书百七十卷"的问题。盖所谓"神书"，乃是后汉干吉的《太平清领书》（即通称之《太平经》）。"百七十卷"之数是古来相传的，不过，依拙见以为，在晋时已泰半遗失，只存五十卷；但不管卷数多少，在晋宋间，也绝不会超出百五十卷的。[36]

其四，《牟子》一书的体裁、形式极为古老，在晋以后的文献中绝无法见到。《牟子》全篇分为三十七章，但其仿照"老氏道经三十七篇"的态度，也绝非出于晋宋之时。孙诒让在《籀高述林》卷六的《牟子理惑论书后》中，就否定了此一观点。如果抛弃对《牟子》的既有看法，而以客观的态度来研讨，则必能有更多相通之见。

其五，《牟子》第二十一章中，关于汉明求法的话有待商榷。第一是引陆澄所说佛教东传之事为证，并不足据；第二是它比其他传说，在内容和表现上更为古老。关于前者，如上文所述，此不赘言。至于后者，即汉明求法的故事，世间议论纷纭，而现今学界多半已否定了永平七年感梦、十年遣使，以及迦叶摩腾和竺法兰东来建立白马寺等等的故事。盖此事迹最早出现于六朝末的文献中，而早期的资料却不见记载。《牟子》对汉明求法之事并未完全涉及，所以第二十一章中才会有较古老的内容和形式。关于这个问题，有马司帛洛（Maspero）的专门研究，且有卓越的成果。㊲《牟子》今本必不同于旧本，后文将再引证说明之。在今本的《牟子》第二十一章中，可发现有类似逸文的痕迹，因此，像上述的性质便愈发难以忽略，即如《四十二章经》序和《牟子》第二十一章的关系，研究者也日益增多。其中，松本文三郎博士认为，《四十二章经》序是依《牟子》第二十一章写成的。㊳倘若如其所说，则《四十二章经》本文又是何时成立的呢？而此处被强调的《牟子》第二十一章是否为古老的文章呢？

上述所列举的考说，是伪作者为了欺骗世人而写的，若是这样的话，则匿名伪造《牟子》的人，手段极为周密。首先他必须伪造《牟子》的传序，且在本文中丝毫不露出破绽，始终呈现出一贯的论调。但是，这种周密的态度，也正足以显示出他不欲为人窥知其动机、论点的心理，这从他论辩的奔放与技巧便可见出。不过，若不仔细看，真是无法发现伪作者潜藏之意呢！如常受人们议论的第十六章："今沙门，耽好酒浆，或畜妻子，取贱卖贵，专行诈绐。"这种见解，对于"《牟子》是新的"说法，似乎是非常有力的记述；但是，这样的记述也最不为佛教徒所喜欢。因此，匿名的人可以随意痛骂，或是改变观点做堂而皇之的辩护，但《牟子》的态度却比较温和。基于此点，伪作者一点也没有表示出周密隐瞒的态度。同样的情形也可在第二十二章、第三十五章中见到。这些论点，对于《牟子》的传序是被特别伪作的，以及其本文不是在晋宋间成立的等等说法，便落入过于抗辩了。又，这个意旨若用于慧通伪作说也是可以的。

总之，以上所叙，乃在说明牟子非慧通的作品，也不是成立于晋宋间的。其实，《牟子》之被注意，并非在其录于《弘明集》之后。六朝末至唐朝，《牟子》是二卷本，据推测，其时之《牟子》较今本为长，因而

《驳夷夏论》大概就是出自二卷本的《牟子》，再经由伪造者加以润饰而成。所以，以今本的《牟子》来论述和《驳夷夏论》一致，不免失之于轻率，因此，下文将转论及此。

《牟子》的形态

今本《牟子》收集于《弘明集》卷首，为一卷本，但有人以为本书原为二卷本，构成较长的篇章。今本《牟子》，篇章特别短，在后文中将再行讨论。

《牟子》为二卷本之证据如下：《弘决外典抄》卷头明示："牟子二卷""或云三卷"。唐初《破邪论》卷上曾说："子书牟子二卷，盛论佛法。"[39]《破邪论》稍后之荆溪大师湛然的《摩诃止观辅行传弘决》卷五之一曾云："后汉灵帝崩后，献帝时，有牟子。深信佛宗，讥斥庄老。著论三卷三十七篇。"[40]湛然所说"讥斥庄老"乃是一种误解，而"献帝时"之说也有些失当，这在后文中再行讨论。上述《弘决》的文章，据说曾屡次引用我国传教大师最澄所著（事实上大概是伪作）《学生式问答》卷一，连神智从义的《三大部补注》卷一也被引用。据推测《弘决》的三卷是二卷之误，而《学生式问答》及《三大部补注》乃依照误写转载而来的。另一方面,《外典抄》大概知道《牟子》是二卷本,并且也考虑是弘决所写的,所以附上文中的注。"或云"这两个字,亦和注一样有暗示的意味。

如此,令人想起《隋志·子部》儒家的条目中所记载的"牟子二卷,后汉太尉牟融撰"。此在绪言中常提到,所以《牟子》的成立问题是常被注意的。因此,上述的大部分例子似乎是《隋志》随意记载的。但是,现今再检讨《牟子》的卷数时,可知道并不是一概可排斥的记载。此问题在对《隋志》的记载非难正盛之时,论者已注意到儒家的牟子。其实,《隋志》所说的牟子并不是现在的《牟子》,而儒家的牟子和佛家的牟子也不相同。这些,可在明《笔丛》卷三十二的《四部正讹》见到。[41]

《隋志》儒家有《牟子》二卷,称汉太尉牟融。考《后汉书》,有融传在汉明前。其时佛法固未入中国,今其书已亡,而《弘明·牟子论》序称:"灵帝时,遭世乱离。……精研佛道,撰理惑论三十七篇。"其非儒家牟子明甚。……原录《释藏》中,故《隋志》不载。若参同契之属。

《牟子》依《破邪论》所述是二卷。如果《笔丛》中所引《隋志》的"牟子二卷"是另有其书的话,那么,唐初就有两种称为"牟子"的书籍了。但是,这种巧合难免令人怀疑。对《隋志》中的牟子，笔丛所作的解释是误解的，而不管是《隋志》的《牟子》或今本的《牟子》，其实是相同的，伯希和也曾有相同的主张。下面将从其他的立场来考虑这个问题。今本《牟子》，在唐初和《隋志》皆被视为牟融的作品。《辩正论》卷四："牟融云：汉明帝梦金人。"就是引用前列的《牟子》第二十一章。[42]而《广弘明集》卷五的辩惑篇目录"牟融辩惑"，若是道宣以来的产物的话，亦可作为参考。《辩正论》，如人所知和《破邪论》同为法琳的作品，法琳寂灭于贞观十四年（公元六四〇年），其撰时则缺乏确证；而《隋书》之敕撰在贞观十年（公元六三六年），其中颇为考据家怀疑的《经籍志》则成立于法琳寂灭的翌年，即贞观十五年。如此看来，很显然地，法琳所谓的《牟子》"二卷"或称为"牟融"所作，在《隋志》撰时就已有了，既然如此，为何能断定《隋志》的记载和法琳所见的是相同的呢？

前面已讨论过，今本之牟子乃后世之伪作，而所谓牟融有二说法，到现在仍不能肯定。又《隋志》所称为"后汉太尉"牟融所作，这个官衔早被论者忽视。但以下所举之论证，将使我们发现这种说法是相当有意义的。

《隋志》中《牟子》被列为儒家部，某些学者着眼于此点，而认为它和今本佛教的《牟子》是有区别的（如《笔丛》），实际上，《隋志》将其列于儒家部似乎是因误解而致。倘若如此，后来的《旧唐志》将它移到道家部，也表示了在内容方面不是儒家的典籍，同时，由此可以知《隋志》的编列乃是错误的；另《新唐志》将《牟子》纳入道家部而列为神仙家，我们也不能因此而认为《隋志》和《新唐志》的《牟子》是有区别的。《新唐志》的分类方法和文献通考必不相同；但无论如何，《牟子》在正史的目录上和《隋志》一样，不只是属于儒家。若拘泥于《隋志》的记载，以儒家和佛家来区别《牟子》，这种想法就是大错特错了。

今本《牟子》，若就作者的经历论旨来观，其被收入儒家部中亦无不当，即如《隋志》的记载，也是不容忽视的。关于作者的经历容后文再述，若详读《牟子》序传，便很容易看出此事。例如，《牟子》序传开头就说："牟子既修经传诸子，书无大小，靡不好之。"然后又说："时人多有学（神仙之术）者，牟子常以五经难之，……比之于孟轲距杨朱墨翟。……玩五经，为琴簧。"又，第二十章"问曰：若佛经深妙靡丽，子胡不谈之于朝廷，……何复学经传读诸子乎？牟子曰：……乖其处，非其时也。……是以复治经传耳。"由此可见，牟子乃一介儒生，而志磐在《佛祖统纪》卷三十五中提及的"儒生牟子"可说是适当的了㊸,且志磐的笔法应是和《隋志》相同的。又,以《牟子》的论旨"援三家之事义,比决优劣"之说来推想(这是以序传末"锐志于佛道,兼研老子五千文。含玄妙,为酒浆,玩五经,为琴簧"所说的行迹来着眼),《牟子》全篇的主旨涉及儒、佛、道。对上述见解的有力参考是《弘决》对牟子"深信佛宗,讥斥庄老"的批评了。即"讥斥庄老"是一句很大的误解(牟子排斥神仙术却未排斥老子,前面已说过);湛然不把牟子看为单是佛家的。盖"讥斥庄老"的态度,是儒家古来的情形,且湛然视佛家的牟子和儒家的一样。这即是二个《牟子》,实际上也是相同的典籍。

上面所列的理由若无大错的话,则结论是,《牟子》本来是二卷本,并被视为是牟融之作;即是在《隋志》和新旧两唐志中所见到的。但是《隋志》在其注中作"后汉太尉"的这个头衔乃是有问题的,理由是《隋志》的撰者难道没有把建初四年(公元七九年)过世的后汉太尉牟融和当前的牟融相混在一起吗?或者"后汉太守"乃是因为在后汉时有太尉牟融,因而引发出最初的错误记载吗?而且,到新旧两《唐志》时,上述的四个字则完全看不到;由此来推测,可能是后人参照《隋志》的记载及当今牟子中所见的行迹,而将之除去的吧！

如此来想时，首先有问题的部分是，在《弘决》中以《牟子》为"三卷"本，实则是二卷本的误谬；而《弘决外典抄》的态度也附有解释。又，日本书目中做二卷本之事，亦可用来参考，而不管是哪一个，都记有当时《牟子》的形态。

如《牟子》原来是二卷本的话，则现今本的《牟子》大概是将它合成为一卷本吧？这么说此处又出现了一个问题。

向来，论者（特别是像慧通伪作说）是把当今本《牟子》视为是当初的那种样子，而讨论其文字一致及牟子本来的思想。或是像伯希和（Pelliot）那样，说《牟子》在唐代是二卷，而今本必定是全文。[44]但是，如已提过的，当今本《牟子》并非是二卷本的原样，而只是它的略本。

当今本《牟子》被视为是二卷本的略本，理由之一是，称为《牟子》的逸文，几次都被发现在所引用的《辅行传弘决》的卷五之一中，有下列之事[45]：

牟子又云：怀金不现人，谁知其内有玮宝？被绣不出户，孰知其内有文彩？马伏枥而不食，则驽与良同群。士含音而不谭，则愚与智不分。今之俗士，智无毫俊,而欲不言辞,不说一夫,而自若大辩。若斯之徒,坐而得道者,如无目欲视,无耳欲听,岂不难乎?

《辅行传弘决》的引用,除了少数像误写的之外,似乎全部都被人所相信(所以《外典抄》也被珍重着)。又,若《牟子》的反证尚未出现,则上文可说是《牟子》的逸文。㊻而上文前段的构想,首先使人联想到《法华经(五百弟子授记品)》中,所谓衣里宝珠的物语。但是,那并不如《后汉书》卷八十《文苑传》下的《赵壹传》所说的"被褐怀金玉,兰蕙化为刍"的同样意旨,而像是从《老子》第七十章中"是以圣人,被褐怀玉"所引发出来的一样,即可看到《牟子》一流的笔法。

论述至此时,亦可在其他地方指摘牟子的逸文。即今本《牟子》被视为是二卷本的略本,其理由之二,可从《辅行传弘决》的卷五之六中发现,在那里面可看到今本《牟子》的第七、第二十九、第三十、第三十六等各章的引文;下列即是逸文㊼:

然世人,有背日月而向灯烛,深沟渎而浅江河。岂不谬乎?汝背佛法,而尊神仙者,此之谓也。

从笔法上来推测,这看起来正是牟子的文章;从构想的观点来说,难道不是相当于第三十六章的逸文吗?上述像逸文之类的文章,同样地在《弘决外典抄》中被发现，即在卷五中有"时有牟子"的大书，其注有"子抄云"，载有牟子的序传，即"神淡泊为德，廓然静思，万物不干其志"。而上述论点所附的字句，在今本序传中是没有的。附带说明，所谓"子抄"，就是梁庾仲容的"子抄"。

欲加的第三个理由如下，就是：道宣的《集古今佛道论衡》的卷甲，记载今本《牟子》第二十一章作为《汉法本内传》之文，在其末尾，对于"广如牟子所显"所说的[48]，相当于今本的那部分，亦即前述第二十一章是较《佛道论衡》所引用的为短的。这一看就有点像是拘于形式的见解；但是，道宣引用其他文章的时候，例如，同样地在《佛道论衡》卷甲中引用《明佛论》时，和"余如晋宗炳明佛论广之"比较的话[49]，可说是很难不加追究的。在此避免对照《佛道论衡》之文与《牟子》第二十一章，但此时可用《历代法宝记》下面的事实作为参考。即《法宝记》是首先列举关于佛法东传的诸文献，接着从其中一一引证重要的部分，而对于今本《牟子》，自然地会引用陆澄《法论》中一直被重视的第二十一章了，即像下文[50]：

明帝在时，知命无常，先造寿陵。……于未灭时，国丰民宁，远夷慕义，咸来归德。愿妇臣妾者，以为亿数。故谥曰明也。自是以后，京城左右及州县，处处各有佛寺，学者由此而滋。

上文论点的一部分在今本中是无法发现的。问题是，从《法宝记》引用其他文献的通例来归纳的话，很难说上述逸文中所见的部分，完全是撰者任意删改的，像时常引用的《牟子》第二十一章，是传为佛法东传的根本资料而被重视，此在《法宝记》中可以见到，即相对地增加了他的重要性。而《佛道论衡》中附记的"广如牟子所显"，不过更增加了他的重要性。

如此来推考《牟子》的性质时，也想到了下面的事情。就是在《法论》中首次看到牟子以来，一直都是三十七篇，但各篇的文章看来各异，且长短不同。把第一章和第二章、第三章作比较，第八章和第九章作比较的话就很容易知道。再者看起来分为三十七篇，而实际上却可用同样的一篇来解决，因其内容令人觉得几乎是相似的思想在出入而已。如在第十八章和第二十六章之间，第二十章和第二十二章，第二十八章和第二十九章等等之间所看到的，特别是，第二十章和第二十二章，隔开其中的第二十一章，其大致类似的事，也被认为可以作为问题的样子。又，在下面同一篇章中可清楚地看到重复的文字，这可在第三十章中指出：

众道丛残，凡有九十六种。……吾观老氏上下篇。……未睹绝五谷之语。……圣人制七典之文，无止粮之术。老子著五千文，无辟谷之事。

总之，视今本《牟子》是二卷本略本的解释是困难的，若是这样的话，则此也成为视当今本《牟子》是二卷本略本的第四个理由了。小论从当初开始，引用所谓的"牟子三十七篇"，不说"篇"而故意作为"章"的理由就是认为今本为略本之故，因而可看到并不是当初所谓的篇那样。

论及至此时，谓《牟子》本来是二卷，现在的一卷本是其略本之事，好像是已经得到了立证一样。但是，更有兴趣的是现在的一卷本似乎仍保有唐代二卷本的体裁，其证据是在上述所引的《辅行传弘决》的卷五之一中所发现的[51]：

第二十一、救沙门谭是非中，立问云：老子曰：智者不言，言者不知。又云：大辩若讷。又曰：君子耻言过行。……三品之内，唯不能言、不能行，为国之贼。

这是已经论及的"著论三卷三十七篇"的续文，"第二十一"在今本乃是做"第二十二"的样子，此种差异一看之下，好像是由于今本篇数的不同而来的，但恐怕是如前所指摘的，和把二卷之谓弄错为"著论三卷"是同样的误写吧！

  无论如何，这样来讨论的话，今本《牟子》是二卷本中的略本，而其篇次大概是像原本的样子，这样说好像是很难否定的。若是如此的话，则唐代的法琳、道宣及湛然等所讨论的大概不是像现在所看到的略本，而是井然有序的二卷本吧！《隋志》和新旧两《唐志》有关于二卷本的记载之事，甚至《法论》也是作二卷本。至于所谓的慧通伪作说，如前已论述的，以《驳夷夏论》太露骨地挪用《牟子》的字句之点来着眼，那乃是从二卷本中所挪用的，而在现今本的略本上所看到的，实际上本来并不是这样明显的。在上文中，今本的某些章和其他比较，是非常短的。又第二十章和第二十二章，隔开第二十一章而继续其所说的体裁等等，也都被注意到了，而今回顾的话，这在二卷本方面或许也有很大的差异吧！㉒而且，在《驳夷夏论》中的"譬犹盲子采珠，怀赤菽而反，以为获宝"，还有"譬犹灵晖朝觐，称物纳照"等等，在现今本《牟子》中则看不到，而从所引用的方法和笔法而言，或许是从二卷本的《牟子》中所引用来的吧！换言之，上述的字句原来在二卷本的《牟子》中是可以看到的，《驳夷夏论》是将它冠上了"譬犹"二字，而在他处引用《牟子》时以相同笔法加以挪用。

而且，在现在的《弘明集》中，被视为和《牟子》一样的、大概是略抄的文献，可以举出三个。首先是在卷三孙绰的《喻道论》，别的可从《梁高僧传》卷四的《支遁传》和《于道邃传》中发现。㊳其次是卷十二有慧远的文句，这和《梁高僧传》本传中所见的来比较的话，可得知被删除了很多；即《全晋文》卷百六十一中严可均也评到"盖有删节也"。另一个是在卷十三颜延之的《庭诰》，其传逸文的被发现是在《宋书》卷七十三的《颜延之传》及《全宋文》的卷三十六和卷三十八中，于卷五所见的略抄《新论》形象，在此亦可作为参考。但在《弘明集》中，或是在其他地方难道就没有再发现略抄之类的吗？㊴

不过，在《梁高僧传》卷十一的《僧祐传》中可看到"初，祐集经藏既成，使人抄撰要事，为三藏记……弘明集等"㊵，于此所见的抄撰二字，此际似乎很难忽略过去，执着地考虑这二字的话，则在僧祐的著作中，所谓的抄撰难道不是很多吗？如人所知的，在僧祐的著作中除了《弘明集》之外，尚有《释迦谱》和《出三藏记集》。因而，前者乃"抄撰"之事，乍看并非此论的样子，而后者则大概可以看到。这样的话，当前的文献《弘明集》也和上面所指出的《喻道论》和《庭诰》同为抄本，亦即所谓的抄撰，换言之也就是《牟子》的抄本，并被解释是《弘明集》被抄撰的一个原因。附带说明，俞正燮在其《癸巳类稿》卷十五中，记载释迦文佛生日生年决定具足论之说引用牟子，而认为《牟子》是依据《弘明集》而删改的。[56]对上述的拙见而言是有种很强的区别的，但那是依据什么则是很难详说的。

二卷本的《牟子》似乎是在北宋时遗失的。因为在《新唐志》记载的于宋志中也无法看到，又，在宋代的书目类中也看不到关于此书所提到的事。在唐代中顷出现的《历代法宝记》中可以看到在今本《牟子》中所没有的文句，另一方面，以广博搜寻而为人知的《佛祖统纪》之中，好像也没有看到二卷本的行迹，而此事亦可作为参考。

《牟子》的成立年代

《牟子》的开头，附有好像序又好像著者传记的文章，在小论中我们管它叫作序传，那么《牟子（理惑论）》在什么时候成立，主要是取定于我们能否原原本本地理解序传中所提的事。就像我们刚才在序言中说的，当今学术界在讨论《牟子》的成立时，大部分的人都说不是在汉代成立的。以这个立脚点来看，当然认为序传是虚构的，应该弃而不顾，当然只能推敲《牟子》

本文，提出它是形成于汉代以后的论调。但是，有关《牟子》的晋宋间伪作说，或是慧通伪作说，都很难成立，这一点我们老早就讨论过了。

值得注目的是，序传的内容颇合于汉末三国的史实，这一点，对于认为《牟子》是后世伪作的论者来说，应该是不能不驳斥的一点。也就是说，认为是伪作的人应如何否定这篇可以信赖的序传，应如何把序传和本文划分开来，这些都是持伪作说的人，不得不争辩的。而且，如果序传真的是伪作的话，应该追研序传的真义，好好地处理这篇序传才对。可是，关于这一点，从来的论者几乎都不曾深入地去讨论，这真可说是不彻底的议论。

话说，《佛祖统纪》卷三十五虽指出《牟子》的成名年代是在初平二年（公元一九一年），但是，我们却很难明确地说出其根据。嗣后，如众所知，也有很多很多的主张出现。现在，为了使我的观点更简单明了起见，首先让我说出愚见：《牟子》是三国时，近于吴国中叶，也就是孙权的太元元年时候的作品。

《牟子》成立于太元元年时候的理由，着实很简单，因为只要扬弃从来的伪作说，仔细读过《牟子》的序传，再好好推敲一下，不难发现下面的理由：第一，牟子这个人，从汉末活到吴国中叶；第二，当前出问题的

《牟子》这本书，若仔细玩味书中的内容，可知是牟子晚年，也就是吴国中叶时写的。接下来，我想针对着这些理由考证下去。

序传中指出，灵帝崩后，牟子为避世上的纷扰，辗转到交趾，二十六岁时才回苍梧娶妻。可是，灵帝是在中平六年（公元一八九年）驾崩的，如果把"是时，灵帝崩后"当作驾崩后的第二年，中平七年（"是时"跟"崩后"实在不用凑得这么近）来推算他的生年的话，很明显地再早也不会超过桓帝延熹八年（公元一六五年）。另一方面，根据序传的说法，牟子二十六岁时，并不是灵帝驾崩的中平六年，而是伴着母亲避难交趾，对于时人多学神仙之术常以五经非难之，并且在交趾度过好几个年头后的事了，这样的话，上述牟子生年的推算，像是算得稍为超前了。也就是说，牟子的生年，该比延熹八年还要稍稍后退一些（"灵帝崩后"，其实还有别的解释，这一点容后再述，今且从普通的解释）。这样的话，我们可以推断，牟子是后汉末到三国吴中叶的人，他在晚年才写了《牟子》这本书。

这种看法，从序传全体的构思上就可以看出来，序传上不但冗长地记述着牟子的生平，还提到执笔的缘由及动机。"方世扰攘非显己之秋也，乃叹曰：老子绝圣弃智……故可贵也。于是，锐志于佛道，兼研老子五千

附录　195

文……遂以笔墨之间，略引圣之言证解之。"这一段即是例证。

把牟子的生平和著作时期，清楚地划出界限的是，《牟子》第十五章中太子须大拏的故事，就像前人说过的一样，这个故事和太元元年（公元二五一年）康僧会翻译的《六度集经》有关（请不要看漏故事中"今佛经云"这句话的新鲜度）；因此，这个故事的存在，正说明牟子的生平持续到《六度集经》译后的太元元年的时候。[57]根据刚才的推算，得知牟子生于延熹八年，这和牟子活到太元元年的推算一参照，可以知道牟子的岁数，即使算得再长，也只是八有十几，这绝不是不可能发生的事。但是，一如刚才提到的，要是"灵帝崩后"和"二十六岁"之间，有更长的距离，牟子活的岁数，就要少一些了。

再者，《太子须大拏经》在后来由圣坚翻译出来，《牟子》所引用的地方从字面上看，虽很接近圣坚所译的，但是，我们老早讨论过《牟子》本来就是节本，因此不能太拘泥于《牟子》的字面。加上，《牟子》只是提到太子须大拏的故事，不能认为是严密地引用《须大拏经》。

这种推断乍看之下，虽很拘泥于计数，却是可能的事。如果这是真的，那么多数人注意到"是时，灵帝崩后"而讨论的,一开始好像就和我的论调不一样。"是时,灵帝崩后"和下一句"天下扰乱,独交州差安。北方异人,咸来在焉"是连着的。牟子想说的是当时交州的情况;因此,不能用"是时,灵帝崩后"这句话,限制了牟子的全部生平。总之,拘泥于"灵帝崩后"的字面,而推定牟子的成书时期,是错的,这一点容后讨论。还有,那些颇受注意的《止观辅行传弘决》等,很有自信地认为牟子是献帝时候的人,也是从"灵帝崩后"这句话,不加思索地推算的,这虽没有大错,但是,从《牟子》的成立来说,是很容易让人产生误解的说法。

话说,如果《牟子》是太元元年时候的作品,那么伪作论者所注目的是,《牟子》第一章的内容,是否是《瑞应本起经》翻译出来后才写的呢?关于这个也已经不成问题了。因为出《三藏记集》卷十三指出,汉献帝末,天下大乱,支谦率乡人数十逃到吴国去,从黄武元年(公元二二二年)到建兴年间,支谦在吴国翻译了《瑞应本起经》和《中本起经》等书。

再者,论者有人注意到第三十五章的"仆尝游于阗之国,数与沙门道人相见",坚持说这是魏国朱士行在景元元年(公元二六〇年)到过于阗以后的事。于阗的佛教虽因朱士行而有名,但是,这并不意味着在朱士行以前全然没有有关于阗的传闻。特别是相传在汉末三国间来到中国的僧徒，从古字推断他们的母国时，支娄迦谶是月支，安世高和安玄是安息，支曜和支亮恐怕和月支有关，而康孟详则是康居了。这么一来，就不能说中国在太元元年以前没有有关于阗的传说了，更何况牟子的场合，只是确定他是否到过于阗而已。因此，从来的伪作说也不是什么问题了。

不过，有人认为《牟子》是如序传所显示的旧作，对于这些人来说，最后还有一道大难关，那就是前人激烈讨论的"今沙门，耽好酒浆，或畜妻子，取贱卖贵，专行诈绐"。这是对于佛徒非难的一段；而从来的论者在解释这段时，都认为恐怕是批评那位有"译经三藏"之称的鸠摩罗什的行为，特别是像梁启超这种人也注意到"今沙门"三字，说："汉魏皆禁汉人不得出家，灵献时，安得有中国人为沙门者？"因此，要考证就得追究这个难题，为了这难题，序传的推敲就成为主调，由此而得到的交州事态就是解开当面难关的钥匙，接下来我想把笔录转到序传上去。

汉末三国的交州

政治情况

　　愚见以为，牟子是后汉末延熹八年到吴国太元元年时候的人，这是相信《牟子》的序传。再从本文所显示的史实去推敲而得来的。既然是这样，那么透过序传所见到的牟子行迹，以及汉末到吴时的交州情况到底是怎样呢？首先，就政治方面来探究吧！

　　序传指出，牟子的家乡在苍梧，不用说这是"先是时，牟子将母避世交趾，年二十六，归苍梧娶妻"这一段明示的。根据《后汉志》的记载，交趾和苍梧是交州七郡之二，同样的交州之中，牟子竟从苍梧到交趾避难，可推判当是"灵帝崩后"，交趾郡比苍梧郡还要安泰，这种推判颇合于事实，这一点以后还会提到。可是，苍梧不安泰，为什么"独交州差安"呢？这点也容后再述。

　　序传指出，牟子回苍梧后，虽再度为郡太守征用，却没有起行，虽应知己州牧，也就是交州刺史的要求，要一展抱负，却也没做到。而前人已考证出，和牟子有交涉的刺史是朱符，身为豫章太守，因中郎将笮融被杀的"牧弟"是朱皓。就中，孙诒让的《牟子理惑论书后》的考证颇有见解㊳；前些时候，周叔迦、胡适两位教授发表的论调，也颇有拔群之感㊴，这两位虽不及孙诒让之说，但是胡适教授站在崭新的观点上来研究，对古来被认为是悬案的《牟子》第十六章"今沙门，耽好酒浆，或畜妻子，娶贱卖贵，专行诈绐"予以耳目一新的解释。另一方面，马司帛洛（Maspero）也很早就论述过当时交州的情况。㊵

话说，朱皓是朱儁的儿子，《后汉书》卷七十七《朱儁传》最后有这么一段"子皓亦有才行，官至豫章太守"可以证明。从这层关系看来，以朱皓为弟弟的朱符，很明显地就是朱儁的儿子。㊶根据《吴志》卷八《薛综传》上书："故刺史会稽朱符，多以乡人虞褒、刘彦之徒，分作长吏，侵虐百姓。……百姓怨叛，山贼并出，攻州突郡，符走入海，流离丧亡。"得知朱符和弟弟朱皓一样，都横死他乡。还有，请特别注意，在这段中出现的刘彦，就是《牟子》序传中所谓的骑都尉刘彦。

朱符以前的交州刺史是他父亲朱儁，时间在光和元年（公元一七八年）。另外丁宫也是刺史，前者由上面所引的《后汉书·朱皓传》得知，后者由《吴志》卷四《士燮传》得知。或许，朱符继父亲之后成为刺史也说不定，总之，牟子是在丁宫或朱儁刺史之下长大成人，在朱符时候受到礼遇的。

那么，朱符被杀后的交州刺史，到底是什么人物呢？这个问题，乍见之下似乎是枝叶末端，可是这不但和《牟子》成书时候的时势有关，而且在研判牟子的真伪问题上，还有决定性的影响力。②因此，接下来我打算追究明白朱符以后的交州刺史。

话说朱符被杀后成为交州刺史的就是张津，根据《士燮传》所据"朱符死后，汉遣张津为交州刺史，津后又为其将区景所杀"，得知张津也是被杀；又从《薛综传》中，"南阳张津，与荆州牧刘表为隙，兵弱敌强，岁岁兴军，诸将厌患，去留自在。……威武不足，为所陵侮，遂至杀"这一段推敲，可知张津与颇有势力的刘表之间有隙才被杀的；可知《江表传》所载，张津死于孙策手里是错的。关于后面这一点，早在《吴志》卷一的《孙策传》所引的裴注中就讨论过了。

可是，张津成为交州刺史是在什么时候呢？关于这个问题有两种说法。其一是《晋书》卷十五《地理志》下记载的，建安八年说。元朝胡三省赞同这说法，他在《资治通鉴》卷六十六的注中大详此说；其二是《孙策传》裴注，在"交广二州春秋"这注中，指出"建安六年，张津犹为交州牧"，由此可知，张津在建安六年（公元二〇一年）的时候，作过交州刺史。这两种说法，

附录 201

据我看来，以后者为正确，因为《孙策传》裴注是综合当时有力的资料，在考证上，反驳《江表传》。裴注的"犹为交州牧"的"犹"字有些怪怪的；但是，这只是反驳不实的记载而已；那不实的记载指出张津被建安五年逝世的孙策所杀。再者，裴注所引的《交广春秋》，正如书中说的，是太康八年（公元二八七年）献给广州王范的书。因此，书中所提的时期和场所，比《晋书·地理志》更可采信。

张津当刺史如果是在建安六年的时候，那么朱符被杀应该是同一年或是建安五年的时候。另一方面，从《吴志·刘表本传》来看，刘表死于建安十三年。他对于交州的野心，直到张津被杀后还持续着，这一点以后还要提到。这样的话，张津就在建安六年到十年间当了交州刺史[⑧]。

张津之后，刘表之臣赖恭前来交州当刺史，当时，苍梧太守史璜死了，刘表使吴巨接其后任。如此，只有史璜是与牟子交往很深的苍梧太守了。这一点，以后也要提到。

以上是以《士燮传》所载的史实为根据所作的推判，在此值得注意的是，士燮为交趾太守，势力很强大。当时汉室正苦心积虑地想阻止刘表南下，因此，下了如斯的玺书给士燮："交州绝海……逆贼刘表，又遣赖恭窥看南土，今以燮为绥南中郎将，董督七郡，领交趾太守如故。"赖恭后来与吴巨鹬蚌相争，士燮乘虚赶走赖恭。以后，步骘被迎为交州刺史。赖恭虽为刘表之臣，新来乍到的步骘却是孙权之臣。据说，步骘到交州当刺史是建安十五年（公元二一〇年），步骘一到任，即致力于扫荡张津残留的部下，杀掉刘表所立的苍梧太守吴巨，大展他的威势，这些事情，《吴志·士燮传》记载得很详细，而且，从卷七的《步骘传》也可得知。

步骘之后，吕岱成为交州刺史，时间是延康元年（公元二二〇年）。士燮一死，吴主孙权使其子士徽当九真太守；后来，吕岱把海南三郡并入交州，叫将军戴良当交州刺史，他自己把海南四郡并入广州，自己当广州刺史；这些都是《吴志》卷十五《吕岱传》指出的。另一方面，从士燮死于黄武五年（公元二二六年）来推判，戴良在什么时候当交州刺史是约略可知的，可是后来交州合而为一。赤乌十一年（公元二四八年），陆胤当上交州刺史。

那年，交趾和九真的夷贼跳梁，骚扰交州，陆胤平定诸贼后，在永安元年（公元二五八年）曾一度被召回中央，再回到交州。《吴志》卷十六《陆胤传》有如下的记载："还在交州，奉宣朝恩，流民归附，海隅肃清。……衔命在州十有余年。"从赤乌十一年算起，十有余年之

附 录 203

间的刺史是陆胤的话，牟子死时的刺史也一定是他，因为，我们老早讨论过，牟子活到太元元年的时候。

学界事情

上面所考说，即牟子于交州时之政治情势，和《牟子》序传相对照而阐明。而当此情势下，且传言交州为一安泰之地，即"天下扰乱，交州差安。北方异人，咸来在焉"。根据此文可知当时的交州为北方来的"异人"，即杰出人才的避难地，而且交州虽为南方僻陬之地，学术风气却甚发达。

因此问题之症结，在于此事实之有无。关于此事，前胡适曾有研究。其一，《吴志》卷八之《薛综传》曾有文"少依族人避地交州，从刘熙学"。其二，同书卷八《程秉传》有文"逮事郑玄，后避乱交州，与刘熙考论大义，遂博五经"。其三，卷四之《士燮传》有文"士燮，体器宽厚，谦虚下士，中国士人，往依避难者以百数"。[64]

刘熙之名再次出现，其著作，如众所知，有《释名》八卷、《谥法》三卷。详细之事，可观严可均于《全后汉文》卷八十六考证之处；而叶德辉于其后，著有"辑孟子刘熙注"，其中关于刘熙事迹有详细之记载。

特别的是，除了胡适所引证之《薛综传》及《程秉传》外，还引用卷二十的《韦曜传》，更加上《蜀志》卷十二的《许慈传》。⑯另一方面，《隋志》上所载"大戴礼记十三卷"上，注有"蜀有谥法三卷；后汉安南太守刘熙注，亡"一文更值得确认。在此处，关于刘熙之学之盛行于交州详论后，而做以下之推论：

中平中，征为博士，寻除安南太守，后避寇交州。故程秉、薛综俱从之游，其卒当在吴赤乌年。

《直斋书录解题》及其《文献通考》于释名上题有"汉征士刘熙"。刘熙被称作"汉征士""安南太守"。正如牟子被称为"苍梧儒生""苍梧太守"一样。又何元锡所编之《竹汀先生日记抄》卷一，其劈头所见古书之处亦有"题释名后"，而记载"据吴志知其避地交州，不当目为魏初人"。即使钱大昕也着重于刘熙于南方交州之活跃情形。

关于交州避难之人、事，胡适先生仅从《吴志》上资料考据之。事实上诸如此类事迹，在《三国志》其他部分也有脉络可寻。现不忌其烦，于《蜀志》卷八《许靖传》之记载可表示出当时交州学术界之情形，即：

吴郡都尉许贡，会稽太守王朗，素与（许）靖有旧，孙策东渡江，皆走交州，以避其难。……既至交趾。

交趾太守士燮，厚加敬待。陈国袁徽，以寄寓交州。徽与尚书令荀彧书曰：许文休，英才伟士。智略足以料事，自流宕已来，与群士相随。

在此可见孙策之"东渡江"约为建安五年时⑱，而与上文之"皆走交州，以避其难"和序传上之"北方异人，咸来在焉"之笔法颇为相似。而且由"群士相随"看来，许靖亦有同行之很大可能性。

许靖后为蜀郡太守，备受刘备信任及诸葛孔明之尊敬，为传说中学德兼备之当时名士，在《全三国文》卷六十上，有其上曹操书，而在《隋志·集部》别集之《蜀丞相诸葛亮集》二十五卷注上，可见到"又有《蜀司徒许靖集》二卷，《录》一卷"一文。另一方面，王朗为魏之硕学王肃之父，为虞翻之主人。王肃或虞翻、袁徽等人，为汉末魏初之硕学之士。那么这样看来，在《牟子》上对于经学之详加讨论之言辞亦可互相考虑。同时，在其第二十七章上一文，颇令人注意的即"吾昔在京师，入东观游太学，视俊士之所规，听儒林之所论，未闻修佛道以为贵，自损容以为上也"，此类之事实，在后面论述上，对于牟子行迹之考证具有重大意义。

推衍而来，序传上之"北方异人，咸来在焉"，其真意可明解之（咸一字后详述）。但是对于从京师避难而来之人士，交州可说是一理想之地，可由下列论述证明之。例如，《蜀志》卷一《刘焉传》上，彼将王室威令扫地之原因咎于刺史之无能，而力荐"清名重臣"之牧伯上任。而以牧伯之名而想取代刺史[67]，其时有文"内求交趾牧，欲避世难"。其次，《魏志》卷一《武帝传》注之《曹瞒传》之逸文，亦可窥之。即"太祖为人，佻易威重。……初袁忠为沛相。尝欲以法治太祖，沛国桓邵亦轻之，及在兖州陈留边让言议，颇侵太祖。太祖杀让，族其家。忠、邵俱避交州"，袁忠一事，《后汉书》卷四十五之《袁闳传》亦可寻。其次，根据《魏书》卷十一之《袁涣传》，仕于刘备之从弟徽，以儒著称，亦"遭天下乱，避难交州"。关于袁徽，于许靖之进退之传闻时已有言之，即其避难交州后，如后述，寄居于士燮之下。最后，由《魏志》亦可见到，即《王朗传》注所引之《献帝春秋》上，王朗为孙策所陷害，而"泛舟浮海，欲走交州"。又王朗一事，上文亦有言之。

　　以上，为关于学者们在牟子之时代里，交州显然为避难之地。又是否为避难处，虽不明确，但当时之交州，促成学术界之兴盛，在他书上亦可窥之。其一，《蜀志》卷十二《许慈传》上，其师事刘熙而治《易》、《尚书》、《三礼》、《毛诗》、《论语》。而传闻于"建安中"与许靖"自交州入蜀"。此事于上述已为叶德辉所

附　录　207

着重。又"建安中",即牟子想为刺史朱符助一臂之力时,亦即张津与刘表相争之时。其二,在《吴志》卷七之《顾谭传》上,传闻贵为孙权臣下之他,因罪被徙于交州,"幽而发愤,著新言二十篇。……流见二年,年四十二,卒于交趾"。其三,为《吴志》卷上十二之《虞翻传》里,其触犯孙权而被贬徙于交州,其经纬后面考据之,根据《传》曰:其在交州"讲学不倦,门徒常数百人,又为《老子》、《论语》、《国语》训注,皆传于世"。此事可观,牟子对于《老子》详加讨论之史事。

交趾太守士燮及学人

上述所论为关于《牟子》序传上"北方异人,咸来在焉",而详明汉末当时之交州情势。

那么交州成为是非之地其因有二:其一是交州为僻陬之地,例如:《后汉书》卷二十四之《马援传》注所引《广州记》上,马援于交趾,建铜柱而上书"为汉之极界也"。再说其为僻陬之地,方能由京师之地徙来,而偏安,此例证到处可见。于《正史·士燮传》上,其祖先因"王莽之乱,避地交州",而前述之顾谭、虞翻亦被放逐于交州,其原因即交州为僻陬之地。

另外一点,即在交趾,士燮已为太守而存在,此即学者聚集交州之原因——其存在，对于学者们更觉得交州为一理想之地。在上述不厌其烦所列举之交州学者们，认为唯有士燮为太守会对他们伸出友谊之手，而培养为学术风气之地。在序传上"北方异人，咸来在焉"一事，可观之唯有士燮在交州，情势才转变为如此，而眼前之主人翁牟子，于此状态下生活于交州，才著有《牟子》一书。根据上述，有详述之必要，现在由士燮之行迹来仔细检讨一下。

关于士燮已有相当的叙述[68]，现在再总括一下，首先其于刺史朱符为夷贼所逐而灭亡时，乘州郡之扰乱，而据有交州一带之地，在其来时，其本身已为交趾太守，而更由其影响力，其弟三人各为合浦、九真、南海各郡之太守，如此其地盘更加巩固。朱符为牟子受礼待之刺史，朱符之后为张津任刺史，而其时正是士燮兄弟势力擅张之时，因此张津以太守之名而赴任。张津为刺史后，刘表图谋交州之地更为明显，因此张津被杀，刘表因此派臣下赖恭为刺史，而且苍梧太守史璜一殁，立派吴巨来交替，此转变于上文皆有详述。

如此，交州刺史有朱符、张津、赖恭三人上任，而朱符、张津被杀，赖恭置于刘表野心下为一刺史，而值得注意的是在此激变当中，士燮地位未曾丝毫动摇，其证据为，张津死后，汉室厌刘表南下，而与士燮书，使其与刘表对抗，此即"董督七郡，领交趾太守如故"，而更相加对待。七郡，即包括交州全部，此即士燮当时不单为交趾太守，事实上其可称为交州一州之刺史。

当时刺史威势之盛，由下可想像而知，即《蜀志》卷八《许靖传》所引《益州耆旧传》上载："是时，王涂隔绝，州之牧伯，犹七国之诸侯也。"此即关于益州刘璋而言。当时交州亦类似益州为一"王涂隔绝"之地，因此士燮之威势也如刘璋一样，"七国之诸侯"之势力拥有者，士燮传上评其为"偏在万里，威尊无上"。

士燮"在郡四十余年"，于吴之黄武五年，九十岁而殁。即其生于后汉永和二年（公元一三七年），而从"在郡四十余年"推之，其任交趾太守约在熹平年间。上述曾言，其祖先因避王莽之乱而来交州，其父为日南太守，其在父殁后由京城返回而任交趾太守，那么想其受先人余荫或者由其才华而在四十余年之长时间，担当交趾太守，而处于不动之地。以九十岁之高寿，能在剧变的世局中，处之有术，而终其身为交趾太守，可说有其独到之一面，《隋志·旧事篇》上有"交州杂事九卷"，其注有"记士燮及陶璜事"，其逸文略见于《艺文类聚》卷七十三上，想必此书为关于其生涯之直接记录。

问题是士燮和学者间之关系，此简言之，士燮以其在交州之势力，而培养出学者之学术研究环境。关于此点前面有略述，现提出最有力之证据，即下述《士燮传》之记载：

（士）燮，少游学京师，事颍川刘子奇，治左氏春秋。……迁交趾太守。……（士）燮，体器宽厚，谦虚下士，中国士人，往依避难者，以百数。耽玩春秋，为之注解，陈国袁徽与尚书令荀彧书曰：交趾士府君，既学问优博，又达于从政，处大乱之中，保全一郡，二十余年，疆场无事。民不失业，羁旅之徒，皆蒙其庆，虽窦融保河西，曷以加之。……辄玩习书传、春秋左氏传。……皆有师说，意思甚密；又尚书兼通古今大义详备，闻京师古今之学，是非忿争，今欲条左氏尚书长义上之，其见称如此。

袁徽为仕于刘备有功之袁涣之弟，以儒学著称，此可见其书于《前蜀志》卷八《许靖传》上可见到一部分，其大概为建安五年时候，和上文之"保全一郡，二十余年"可为一致。但从上推算之，如士燮于熹平年间已任交趾太守一事，其在建安五年时，已任官有二十余年。

检讨士燮事迹，颇为烦琐，但从上归纳之，可由下列之事实推测之。

附　录　211

第一，士燮本身为一学者。从上文"学问优博"，其通《左氏春秋》，兼通古今《尚书》来看，其学为折衷。《隋志》之集部别集条有《张温集》六卷，注有"梁有士燮集五卷，亡"而推溯之，其在经部春秋之首上，有"春秋经十一卷（吴卫将军士燮注）"可看其一端。而且其所师事之"颍川刘子奇"，根据《后汉纪》卷二十一及《后汉书》卷五十七，为一仕灵帝之鲠骨学者刘陶（一名伟），其著有折衷之《中文尚书》之著作和"匡老子，反韩非，复孟轲"之《七曜论》。

第二，士燮之人格为所传上所云之"宽厚"且"谦虚"，礼待士人。"交趾太守士燮，厚加敬待"，由上引之《许靖传》之《袁徽书》上所云。正因为如此，才使"中国士人，往依避难者，以百数"。

由第一第二事情看来，及前面所检讨士燮当时之稳定身份，具"威尊无上"之势力而综合的话，所更注意的即是《士燮传》中有《袁徽书》"羁旅之徒，皆蒙其庆"之记述。按照书面之字义而解释有警惕之必要，但从上面之事情归纳而来，在此场合，却无夸张之意，亦即学者集聚于交州，而事实上除交州可为他们希望所寄之地以外，别无他处可寻，且像交州这种学术气氛浓厚之地，无他处所可比拟，亦即士燮为交州全部之支配者。交州各地所谓之生杀大权，皆在其掌中。因此对于当时的人来说，只要在交州，任何人免不了为其庇荫，亦即上述之"皆蒙其庆"恐怕为一事实。

在交州避难之学者当中，如上所述，在交趾太守士燮下已知的有袁徽及新言的著者顾谭。但是刘熙也是来交趾避难，跟随他而来之学者程秉、薛综、许慈，难道没有直接在士燮之恩威下存在吗？从上推衍之，有下列几点：即如刘熙之学者，远走交州避难，特别安全之地且为学者太守所管辖之交趾以外，别无更好之地可寻，而且此太守又有宽厚之人格，并礼贤下士，既然如此，绝没有不投其怀抱之理。更进一步推测之，刘陶与士燮间之关系，为士燮在京师中，师事刘陶，而建立之旧知关系。那么即是如此，刘陶仰赖士燮而避难交州大为可能，但根据已引用叶德辉之研究，刘熙于中平中为博士，后避难交州，而殁于赤乌年中。⑱另一方面，如上所考证，士燮稍前从故京都返回故乡的交趾，而于熹平中任交趾太守。又比较士燮和刘熙之殁年，后者较前者为年轻，那么既然如此，刘熙与士燮之间所推测之事，亦可以从其他在交州之学者找到。

牟子与佛教的关系

从各项检讨而来，可以发现问题之所在乃是一直都

附录 213

成为悬案的牟子和佛教之间的关系。

根据向来的研究，牟子是东汉末年到孙权太元元年间的人物。而当前这本有问题的书被认为是他晚年的作品，果真如此的话，那问题所在之关键即：当时的交州对牟子而言，是否诚为一佛教圣地？此乃是足以决定牟子性质的重要问题，特别是在第十六章提到的"今沙门，耽好酒浆，或畜妻子，取贱卖贵，专行诈绐"，以此来判断牟子思想古老的解释，是最令人迷惑的难题。

要想解决这难题的第一线索是康僧会的行迹。关于这点，伯希和（Pelliot）已指出过[70]，间或稍嫌不足，在此以拙见加以补充之。首先见《出三藏记集》卷十三《康僧会传》[71]：

> 康僧会，其先康居人，世居天竺。其父，因商贾，移于交趾。（康僧）会，年十余岁，二亲并亡，以至性闻，既而出家。……时孙权，称制江左，而未有佛教，以赤乌十年，至建业，营立茅茨，设像行道。有司奏曰：有胡人入境，自称沙门，容服非恒，事应验察。（孙）权曰：吾闻，汉明梦神，号称为佛，彼之所事，岂其遗风耶？

上一段文章转载自《梁高僧传》卷一[72]。值得注意的是康僧会和牟子大约是同时代的人物。上记所提到的赤乌十年（公元二四七年），马上使人想起牟子的太元元年（公元二五一年）。

其次，值得注意的是康僧会在交趾生长、出家的事实，以及他北上到吴国宣扬佛教之事。佛教史家咸认为中国佛教流传于南方始于康僧会入道之时。然而，事实或许相反也说不定，即康僧会在偏僻的南方——交趾入道，然后将之传至北方。许多佛教史家在研究佛教流传路线时，多只注意西域陆路的佛教东渐，而忘了从南方来的力量。

当时交州佛教流传的第二个证据，可从竺道祖《魏世录目》中看出来。根据此书，甘露元年（公元二五六年）七月，支疆梁接于交州译出《法华三昧经》。这从《历代三宝纪》卷五中可知[73]，《魏世录目》初为慧远弟子道流所撰，后由同学竺道祖集其大成[74]；因此，为东晋末年的书是毋庸置疑的。而甘露元年正与牟子的时代相近。《开元释教录》卷二上说到，甘露元年即五凤三年（公元二五六年）。[75]因此，《三昧经》译出时，时间上更接近牟子的时代。

交州佛教早已盛行之证据，还可见《后汉书》卷八十八西域传天竺国条中记载："桓帝延熹二年、四年，频从日南徼外来献。"而大秦国条中则于延熹九年（公元一六六年）有大秦王安敦遣使"自日南徼外"来贡之

附录　215

记载。此一事件很有名，以前也有人研究过，在这里最引人注意的是日南与交趾南部是相连接的。而外国来贡时，都必得经过交州。《梁书》卷五十四《诸夷部》的序中记载如下："海南诸国，大抵在交州南及西南大海州上。……其西与西域诸国接。……后汉桓帝世，大秦天竺，皆由此道遣使。"将上述这一段记事和《南史》对照之下，最后的地方缺少"贡献"二字。在《梁书》中，更有如下的记载：黄武五年（公元二二六年）大秦商人名秦论者来到交趾，太守吴邈将之送到孙权处。黄武五年正是士燮去世之时，吴邈可能是后继的交趾太守。⑯

由此观之，交趾自古以来就有天竺思想的流入，而佛教的流传自应属理所当然的事。这是交州佛教流传的第三个证据。或许是个人的臆测也说不定；不过《后汉书·天竺国传》中所述："修浮图之道，不杀伐，遂以成俗。"而《大秦国》的记载中则曾经提到"日南徼外"来贡之事。承接上文则是有名的"世传，明帝梦见金人"等，由作者范晔的笔调看来，似乎与吾所推断的见解有略为雷同之处。

交趾和天竺的关系，可由前面所举《出三藏记集》的《康僧会传》中得到更确切的证明。根据《康僧会传》所述，他的祖先从康居到天竺，最后又辗转来到交趾。这在当时是很平常的事，商贾东奔西跑，四处往来的例子在那个时代是很常见的。前面引用过的《梁书》传中，也曾记述："其国人行贾，往往至扶南、日南、交趾。"也可作为我们的参考。

现在再将焦点转移至交州的政治或学术上的情况，值得注意的是数度被讨论到的《士燮传》中的一段记事：

> 燮兄弟，并为列郡雄，长一州，偏在万里，威尊无上，出入鸣钟磬，备具威仪。笳箫鼓吹，车骑满道，胡人夹毂，焚烧香者，常有数十。

胡适对这些胡人有着前人未有独树一帜的解释。即"试想交趾的胡人，是不是印度波斯的商人。这些夹毂烧香的胡人，即是牟子所见的'剃头发被赤布''耽好酒浆，或畜妻子，取贱卖贵，专行诈绐'的'沙门'也"。胡适将此说明为东汉末年的作品实为一崭新的看法。以下的考据，则是根据胡适所论为启发点，更进一步地加以考查说明。

上记《士燮传》中所载的"胡人"可以想像的是佛教徒或沙门，他们烧香的习俗及香火这些东西中土本来是没有的，完全是佛教传入时一起流传进来的，此一问题前面已经讨论过了，在此省略。⑦问题乃在胡人为何看到士燮外出便"夹毂"且"焚烧香"呢？这有两种解释：其一是，看到士燮外出时的威仪，交趾的胡人们如同看到他们故国的国王出巡，因而以上述的方法迎接他。还有一说法，可参见《南史》卷七十八的《夷貊传》中所述的日南国风俗，即"其王者，着法服，加璎珞，如佛像之饰。出则乘象，吹螺击鼓。罩古贝伞，以古贝为幡旗"类似的报告，还可以在《南史》所记《海南诸国志》中看到。《梁书》也记载了不少这方面的事。如果记载属实的话，可以知道士燮是以胡王的姿态出巡的。更进一步地说，交州边土与胡国南方邻接，祖先们从两百多年前定居此地，自命为交州太守，威势也凌驾交州刺史之上。上文所说的"偏在万里，威尊无上"，即指士燮盘踞四十余年于此地，其威仪举止甚或生活上无不偏向胡风，出巡时的威仪即为其表现方法之一，《士燮传》的记载在下笔时也特别注意此一特色。

上记的见解认为，胡人的风俗是在国王巡行时加以膜拜，并在其车上插上焚香，所谓"出入鸣钟磬，……箛箫鼓吹"的威仪，在中土是绝对没有的现象。然而这点，如今要加以判断是很困难的。现在试着做另一解释，即胡人们将士燮外出的威仪视为佛教行像的游行，因而以用鲜花供养佛陀的方式来膜拜他，"夹毂""焚烧香"即由此而来，这是对《士燮传》中的文字所提出的第二个解释。

所谓"行像"是将佛像放置在车辆上，巡回街衢的仪式，最具代表性的例子可参见《法显佛国记》中的记载：

法显等，欲观行像，停三月日。……从四月一日，城里便扫洒道路，庄严巷陌。……王所敬重，最先行像。离城三四里，作四轮像车，高三丈余。状如行殿。七宝庄校，悬绘幡盖，像立车中。二菩萨侍，作诸天侍从。……像去门百步，王脱天冠，易着新衣，徒跣持华香，翼从出迎城像，头面礼足，散华烧香，像入城时，门楼上夫人采女，遥散众华，纷纷而下。……一僧伽蓝，则一日行像，四月一日为始，至十四日行像乃讫。

以上这段报导是于阗国的报告。关于行像一事，摩竭提国的华氏城也有类似的报告；"于时俗士云奔，法徒雾集。燃灯续明，香花供养。明朝总出，旋绕村城。……棚车舆像，鼓乐张天。……即是神州行城法也"㉘，行城大概和行像是一样的。可是，问题是类似这样的行像，在交趾这地方到底有无举行。

要应证这问题，仍须引用前述的《康僧会传》："以赤乌十年，至建业，营立茅茨，设像行道。"由是可知，交趾佛教出身的康僧会在士燮的时代，也有类似行像的活动；补足这一点，可见《南海寄归传》卷一中所载受

附录 219

斋赴请的情景⑲：

南海十洲，斋供更成殷厚。初日，……金瓶盛水，当前沥地，以请众僧。……第二日，过午已后，则击鼓乐，设香花，延请尊仪，棚车辇舆，幡旗映日。法俗云奔，引至家庭。张施帷盖，金铜尊像，莹饰皎然。……至第三日，……僧洗浴已，引向斋家。……香花鼓乐，倍于昨晨。……于像两边，各严童女，……此是南海十洲一途，受供法式。

行像的实际情形据推测，交趾这地区（据义净认为应泛行于南海十洲）似乎是有这种仪式。所谓胡人"夹毂"且"焚烧香"和《佛国记》中的"王脱天冠，……徒跣持华香，翼从出城迎像。头面礼足，散华烧香"是一样的，几乎可以确信的是士燮出巡时，有这类的行事。不管士燮是以胡王的姿态出现或以纯粹中国姿态出现，当时在交趾的胡人，在士燮车子通过时，都以迎接行像的态度来膜拜他。由于这是非常特殊的情形，《士燮传》中（或以此资料为本的文献）都特别指出此事。

将上述的推论暂置一旁，现在回到当前的主题——《牟子》上。在为首的序传中的"于是锐志于佛道"并非虚构的。其次，由本文全篇中所透露出的佛教思想亦可得知，特别是成为悬案的第十六章中"今沙门，耽好酒浆"等问题也可以说得到了解答。可知那是对当时交州不如法的沙门所产生的种种疑问。可是"专行诈绐"的指摘似乎稍嫌过激了一些。当然，当时从遥远的徼外来的胡人中，一定是良莠不齐，行为不正的沙门自是在所难免，也有一可能是那些人并非沙门，只是普通的商贾，可是由于他们是胡人，所以一般被视为沙门。如果是这样的话，上述的非难就难免不当。更何况指摘、非难的人都对佛教不抱好感，言辞夸张歪曲也就在所难免。论及此，第十一章的"今沙门，剃头发，被赤布。见人无跪起之礼，威仪盘旋之容止"及第十九章的"今沙门，被赤布。日一食，闭六情，自毕于世"等都应当是指当时的真实情况。另一方面，东晋失译的《舍利弗问经》中昙无屈多迦部的赤衣，或安世高所译《大比丘三千威仪》卷上的萨和多部的绛袈裟，以及当时交州沙门的僧仪等，或许有着特殊意义的典故。[80]所说沙门的赤布、剃头；《士燮传》中的胡人，和《康僧会传》中的"有司奏曰：有胡人入境，自称沙门，容服非恒"等对照起来看的话，当时交州的佛教情形便栩栩如生、呼之欲出。

在此附记一语，考证《太平经》时，在小论中有论及张津，《江表传》中也曾借孙策之口说道："昔，南阳张津，为交州刺史。……常着绛、帕头、鼓琴、烧香、

附录 221

读邪俗道书。"由此可知，张津曾与佛教有过交涉。反之，亦可由太平道中的佛教色彩中察觉出来。[81]综合观之，张津为牟子时代的刺史，士燮是他手下的太守，因而推断出张津与佛教有过关系自是不争的事实。

牟子的行迹

回过头来，以上述的研究调查为根本，再来仔细地检讨序传，而当前的主人翁牟子的行迹为何呢？

首先，"一云苍梧太守牟子博传"就成了问题。为了编排起见，这个问题我们留到后面再谈。接着要谈论的是牟子的家乡。因为在序传里有"将母避世，在交趾。……归苍梧"，所以可知他的家乡在苍梧。也就是说：他一度离开苍梧与其母避难于交趾，后来再回到苍梧，在那儿娶妻成家。最有趣的是，他避难于交趾之时，当时的交趾太守就是上文所详述的士燮。为什么提到这些呢？因为牟子避难于交趾理应在"灵帝崩后"，可是士燮却早从灵帝在位之时就任太守之职了。

那么，再回过头来看序传中的记述。起首写着"天下扰乱，独交州差安"。在序传中，大致上记载着牟子的行迹。到后来也写了"先是时，牟子将母"，以及牟子到交趾避难之事。也就是说，在这里的交州和交趾从笔法推演该是相同的。也只有这样解释序传，我们才能体会到上记中之旨趣。也就是说，家乡虽在交州苍梧的牟子，却逃到同一州的交趾。那么说来"独交州差安"，可说是异样的表现。对这个问题，在上述文中就已经提出疑问了。但是，在这种情形之下，可以把它想作是，序传里把交趾写错为交州。另一方面，也可以把它想作是不分交州、交趾，两者皆可。而那朱符之父朱儁，为"交趾刺史"就是这个缘故。在《隶续》和《通典》之中，似乎也有其他类似的例子。详细情形，可见于王先谦的《后汉书集解》的续志《交州篇》。根据王先谦的续志《交州篇》好像有这么一回事，那是说交趾在建安八年被改为交州一事。如果真是这样的话，那么我们就可以直截了当地说序传中的交州其实就是交趾[②]。

果真是这样的话，那么序传中所说的交州实际上就是交趾了。这样一来"独交州差安"好像立即和那士燮的行迹有所关联似的，亦即以其他明确的意义映于眼帘。也就是说牟子的行迹在此豁然可见。

那是在前面受注目的"北方异人，咸来在焉"的"咸"字的解释。总之，那是说前述"独交州差安"的事情，实际上就是在说交趾的事情。而且，能够被称为"咸"那样的，从北方来的学者都聚集在当时的交趾，这件事情早就有详细的证明了。接下来，由上述之

附录 223

事，从序传中所谓的"修经传诸子，书无大小，靡不好之"以及"牟子，常以五经难之"之中，我们当然可以了解他好学的情形及他学问的性质。人谓牟子"博学多识"，我们从《牟子》本文中亦可看出。从他周遭的情况看来，说他博学多识，大概不会过于夸张吧！不过看起来奇怪的是"多为神仙辟谷长生之术"，从前列各学者的经历中，难以单纯找出此例，所以等到后面再讨论这个问题。

接下来的是，在牟子当时的苍梧太守为众所周知，即几乎与张津同时去世的苍梧太守史璜。如前所述，史璜一死，刘表就强迫吴巨继任苍梧太守之职。这么说来，牟子也应该曾在吴巨门下才对。不过，据序传，在这之前牟子从交趾回到苍梧，受到刺史朱符的知遇。而朱符是张津之前的刺史。反过来看看在序传中所写的：牟子和苍梧太守相往来，是早在和朱符往来之前就开始了。这样看来，牟子起初应是受到苍梧太守史璜的赏识，再来才受到刺史朱符的赏识才对。在序传中的"归苍梧娶妻，太守闻其守学"是属于前者（受史璜赏识），"会被州牧优文处士辟之"是属于后者（受朱符之礼遇）。据说士燮乘朱符被杀之时，安置弟达为合浦、九真、南海等太守，而士燮本身则继续担任交趾太守之职。那时，士燮之所以没有侵略北邻的苍梧，是因为当时苍梧太守史璜俨然据守苍梧之故。

至于序传中的"诸州郡相疑""世扰攘非显己之秋也",这说的是前面所列举的,交州刺史或太守瞬息万变的调动以及荆州刘表的野心,和刘表对抗的汉室。汉室和交州及其他刺史、太守之纠纷等,从这些看来,我们也不难想象当时之情景。所以,那里所谓的"使致敬荆州",或许是史璜对付刘表的方法。而且,以借路为目的而被迫屈服的"零陵、桂阳"中的零陵,或许和屈于刘表威力而被遣派为交州刺史的赖恭有些关联。赖恭是交州人,而从《蜀志·许靖传》可见如下记述:"袁沛及徐元贤,……欲北上荆州。会苍梧诸县,夷越蜂起,州府倾覆,道路阻绝。……荆州水陆无津,交部驿使断绝,欲上益州,复有峻防。"这些记述,不也和上记的序传中所说的有所关联吗?

人们常认为:牟子生于后汉末期延熹八年,卒于吴太元元年。对于这个问题,我们已经谈过好几次了。在牟子有生之年,相继担任交州刺史之职的是朱符、张津、赖恭、步骘、吕岱、戴良、陆胤,共七人。而朱符(如上所述,他确实与牟子有往来)和张津都死于非命,赖恭也被放逐;但是交趾太守士燮,在那时候却健在无恙。于是我们可以想见:牟子是在士燮太守的恩威之下,过着学者生涯。如前所述,士燮生于后汉末期永和二年，卒于吴黄武五年，享年九十。我们可以推测士燮是在熹平年间始任交趾太守之职。再说，如上所述，士燮侍奉七位刺史，扬威四十余年。他的人品，如吴志中所谓的"宽厚""谦虚"，对于读书人非常礼遇。世人皆称他的学问"优博"，是精通今古文的学者。

若牟子果真在这太守士燮之下，那么当时交州的学界，到底是什么样呢？如前所述，世局动乱不安，像当代首屈一指的学者刘熙也在交州避难。当时刘熙滞留之地，现在已不可知。不过从当时交州的情形推想，似乎不会在士燮统辖之地——交趾以外的地方。可是当时刘熙的门下除薛综、许慈和事郑玄为师的程秉之外，还有诸葛孔明所敬事的许靖，同样和蜀有关系的袁徽以及王肃的父亲王朗。再者，顾谭被放逐于交州，著《新言》一书而卒于交趾。虞翻也遭到同样的境遇，在同一地方讲学。至于虞翻，在后文中还会谈到他。总而言之，这些人的事情虽然多多少少有相异之处，不过可以说，都是在谈论当时交州的学术情形。

牟子在这样的学术环境之下，从事学术工作，而且他遵从宗旨，对于其他思想，特别是神仙之说常加以责难。当前的《牟子理惑论》上下二卷就是他把所想到的事情以问答体，阐述而出的。于是乎，正如《牟子》第二十七章的"吾昔在京师，入东观，游太学，视俊士之所规，听儒林之所论，未闻修佛道以为贵，自损容以为上也"责难一样，在这种情况之下，尤其让人感到生动。

牟子所持的议论，如前所述，是《佛祖统纪》中所谓的"援三家之事义，比决优劣"，他既学儒学又学老子，而且把佛教当作是最根本的学问。在这里，让人想到的是他的学问系统：到底他是如何接受这些学问，又为何始终在排斥掺和儒家、道家、佛家精神的神仙之说呢？

在此令人想起的，首先是士燮的学问。如我们所知，士燮是刘陶的弟子。他精通《春秋》，也通《尚书》的古文今文，换句话说士燮是折衷的所谓的古文家学者。士燮的这种学风，在他老师刘陶来说更是历然表现无遗，如上所述刘陶写了本折衷的著作——《中文尚书》和（"匡老子，反韩非，复孟轲"）《七曜论》。另一方面牟子家乡在苍梧，很早就到交州，在交州终其一生。所以想来他的学问和士燮一流之学，多少有些关系吧！尤其是上记刘陶的"匡老子"之学和尊重老子、否定神仙之术的牟子之为学态度，多少有些关联的样子。

在这里不能忽略的问题是牟子排斥神仙之说的态度。序传中写有当时交州的学者情形，"多为神仙辟谷长生之术。时人多有学者"，这实在是罕有的报导。至于当时学者推崇神仙之术的迹象，勉强可从《神仙传》

附 录 227

中略窥一二。即因为在《神仙传》卷六末的《仙人董奉传》中描写牟子与士燮之间的神怪的故事。这些传说很早就被引在《士燮传》的注里头，也被引在《唐三洞珠囊》卷一等中⑱，如果真有这么一回事，那么在这里也可看出《牟子》序传的史料的确实性。看到这些，在此令人想起当时在交州的虞翻的为学态度。

虞翻正如前述，当牟子在交州之时，他被流放到是处，释放之后仍然留在交州讲学。根据《吴志》的《虞翻本传》所见，虞翻之为学态度，"讲学不倦，门徒常数百人。又为老子、论语、国语训注，皆传于世"。虞翻阅读《老子》和《论语》之时，常加训注，这一点让人联想到前记牟子折衷的为学态度。在此之前，虞翻因为嘲笑孙权论及神仙之说，而被放逐于交州。在这里也可看出，他和牟子之间学问之关联。又在《虞翻传》中我们可见如下之文：

（虞）翻性疏直，数有酒失。（孙）权与张昭论及神仙。翻指昭曰：彼皆死人，而语神仙，世岂有仙人也。权积怒非一，遂徙交州。……在南十余年，年七十卒。

从上文中可知，虞翻很显然地反对神仙。他生于延熹七年（公元一六四年），卒于吴嘉禾二年（公元二三三年）。相传他的父亲虞歆是日南太守，而他的学问是远至五代以前的祖先所留传下来的。在《吴志传》和裴注所引的《虞翻别传》中，可看到有关虞翻的详细论述。根据裴注的《吴书》上的记载：虞翻是在被迫迁于苍梧猛陵之地后才死的。严可均在《全三国文》卷六十八虞翻的条文下写了个略传；在略传末尾也注有："案，隋志以翻属后汉。今考翻卒，在（孙）权称尊号之后，宜编入吴。"不管怎么说，对于虞翻和牟子是同一时期在交州，以及两人都一样极力排斥神仙之说，现在我们也是难以否定的。而且从以前的推算可知虞翻出生之时，牟子也已经出生了。如果这些都正确的话，那么可推知：牟子的学问，毕竟和士燮等有关联，也和同辈的虞翻有关系罢。

然而问题在于牟子的佛教思想，是从什么地方来的呢？毫无疑问的，那是因为当时佛教流传于交州。而在《牟子》第三十四章"吾子讪神仙，抑奇怪，不信有不死之道，是也。……佛在异域，子足未履其地，目不见其所，徒观其文，而信其行"的论述中，越发可知他的学识是在交州成长的。可是在《出三藏记集》卷七所载作者不详（实际是支谦）[84]的《法句经》序中，可见如下之文[85]：

始者维祇难，出自大竺。以黄武三年，来适武昌。

仆从受此五百偈本，请其同道竺将炎为译。将炎，虽善天竺语，未备晓汉。……仆初嫌其辞不雅。维祇难曰：佛言依其义，不用饰。……经者当令晓，勿失厥义，是则为善。座中咸曰：老氏称，美言不信，信言不美。仲尼亦云：书不尽言，言不尽意。明圣人意，深邃无极。今传胡义，实宜经达。

见上文，牟子以佛教为根本之学，又推崇老子、尊奉孔子的为学态度，可说也是当时佛教徒的为学态度吧。而且，他的这种为学态度，在《牟子》本文中到处可见，尤其第二十七章就是最好的例证。而且上记《法句经序》中的文句，让人觉得那就是牟子的口气。同时我们也可以想到他晚年所谓的格义，而他晚年的格义之风已表现在他的举止形态之中。但是所谓的格义当中，通常是用《老子》、《庄子》和《易经》，也就是所谓的三玄。然而，只有《老子》经常出现在当今的《牟子》中，而在其中却几乎完全看不到《庄子》和《易经》。如果从旧本（二卷本）以来就有这种倾向的话，回过头来看看《牟子》的思想，都没有违背吴中期交州的潮流，这么一来，序传的内容就不是虚构的了。

回过头来，最后成问题的是，本章开头保留下来且受人注目的"一云，苍梧太守牟子博传"这个标题的意义。

论者对于苍梧太守这个官职，与序传的内容不一致而加以责难；而且把它列为序传不足为信的原因之一，后来又变成对《牟子》全书完成时期的疑问。还有像洪颐煊一样，认为是"苍梧太守"之下漏写了"从事"或"椽史"两字。也有像周叔迦一样把它解释作"其传文，或尚有删节，未可知也"。不过，培里欧着眼于序传的"无仕宦意，竟遂不就"，而主张牟子绝对不该是苍梧太守。

盖，被喻为问题的标题，本来只是为了序传而不是对《牟子》整本书而写的。大概"苍梧太守牟子博传"的这个"传"字理当做此解释，也可以说更进一步来说这个标题本来只是附于序传，可是到了后来变成现在这样的体裁。在这里"传"这个字反成了刺眼的东西。不用说，在这里的"传"字很明显地不能把它想成是著作或撰的意思。而且在那法论目录上"苍梧太守"这个官衔也不是可以忽视的。理由是如上所检讨的一样，序传不管在哪里似乎都没有所谓的官衔作为形象。所以这个标题如今并无可疑之处。再者，有人说，如前面所说的，着眼于序传的"无仕官意"，不信目前官衔的问题。整体来说，我们应该注意序传中的这个记述不一定就完全肯定牟子行迹的全部。那是因为牟子在"年二十六，归苍梧娶妻"之后，当时的苍梧太守（史璜为太守在考

附录 231

据上已获确认）"闻其守学，谒请署吏"，主要的是可以把它照连系着的字句那样解释。更深入一层说来，"无仕官意"这个问题之前的"时年方盛，志精于学"。而且序传中有"天子不得臣，诸侯不得友"，又有"上不事天子，下不友诸侯者也"。这个时候仍然是不可忽略过去，这在《庄子·渔父篇》中有"君子不友，明君不臣"；而且在《魏志》卷十五《管宁传》中，虞毓写给张拊的信中也可看到"上不事天子，下不友诸侯者也"等语，也可以把它解释成记录所谓的高士的行迹时之惯用语。再者，根据《全三国文》卷三十五的传记，可知虞毓殁于吴甘露二年（公元二六六年），亦即大致上与牟子为同时代的人物。

可是，本来在现在的序传中有被省略的部分，于是乎问题官衔才变得难以信赖。我们凭什么说序传中有被省略的部分呢？首先由于《弘决外典抄》中，有像以序传逸文的东西存在而得知。至于这些在检讨本书形态时早已论及，所以在此省略。接下来，序传的情势在前后（特别是在开始）一见，确切让人觉得有所欠缺。这个只要平心静气地一览序传便可立即领会到，而且很明显的，如果那序传是当初留传下来的全文，那么《牟子博传》，就不成传记的体裁了。

很多人强调序传不足为信，从这个立场看，序传是由于许多人的假托而愈趋复杂的。而且从上面所提的史实，可推知序传确实非常复杂、麻烦。如果真如此的话，那么目前问题序传的体裁，更让人觉得有省略的部分。盖如论者所言，如果序传中有此麻烦，当初的序传为了隐讳那些麻烦之事，理应有个表面上说得过去的体裁，也就是说绝不会表现出像现在的序传之体裁才对。换句话说，现在的序传中有没有麻烦，在行文上确实可以看出有省略的迹象。我们可以把它当作序传从开始就不是全文的原因。

这样一来，我可以对现在序传中关于牟子（所谓上来的悬案）就"苍梧太守"这个要职做些说明，当今的标题乍看之下总觉得有令人难以相信的字句形态。这个时候让人想到遗落了在牟子生前同样在交州的刘熙。刘熙不仅是博士也是安南太守。对于这些我们已经讨论过了。依想象，本书的主人翁牟子实际上也有和刘熙一样的经历，不过现在缺乏像刘熙一样明确可知的记录罢了。

那么《佛祖统纪》卷三十五把牟子当作"苍梧儒生牟子"[86]，这就是启发志磐放弃上述牟子的标题的原因。可是现在仍然接受标题所予之意，把它当作"苍梧太守"。因此这些只不过是强辩之说而已。不过那交趾太守士燮也是位儒者，而且似乎没什么直接关系的同期

附录　233

太山太守应劭也是当时的大儒,而且刘熙是博士也是太守。那么依据王国维的《汉魏博士考》,博士在外或为郡国的守相,或为诸侯之太傅,进一步当上刺史或州牧,而且也有人当上县令的。⑧于今要进一步求得证据的话,可知牟子拜博士之后不久即转往河内太守之职,同时也是拜博士后不久就当上陈留太守。伏恭也是拜博士后任常山太守之职的。反过来说,从序传中推知,牟子即无为博士之征证,也无为太守之征证。不过再重复说一遍,自《法论》目录以来,牟子就被认为是苍梧太守。另一方面,在序传中可知此序传并非当初留传下来的全文,而有被省略的迹象。当今的学者认为牟子当过太守的凭证而推知,目前牟子为苍梧太守这个问题,是不可轻易否定的。

最后所留下的问题,是前面所写的接在苍梧太守之下的牟子博这三个字的性质。如果"博"这个字,不是因为与"传"字相类似而被误用的话,那么"子博"不是牟子的本名而是他的字。后汉时亦有无两个字的本名之说。⑧士燮的老师刘陶的字为子奇这件事,就是最好的例证。如果子博果真是牟子的字的话,"苍梧太守牟子博传"从那官职又称"字"这些看来,好像真有经过其他修改的样子。正因为经过修改,所以据传本没有的东西也有了。而那"一云"二字不就是这样加上的吗?

牟子的字如果真是博的话，那么他的本名叫什么呢？根据前所论及的唐初文献：例如在《辩正论》及《隋志》中，牟子本名为牟融，而且当时的人也好像这样称呼他。因为缺少证据，所以不能得知融是否为其名，子博是否为其字。如先前所述，许多人都在解释牟融这个姓名，很多人都借助于建初四年的太尉牟融之盛名而加以穿凿附会。可是太尉牟融的字是子优而不是子博。这一点在正史上应该可以得到证实。尽管如此，在唐初人们仍把牟子当作牟融。从这点可推知，在当时人们之所以把牟子当作牟融，该是有他们的根据吧。

　　自古以来所谈论的，如无大误的话，那么终结牟子的姓名就是牟融，子博是他的字。而且可以想知他在后汉末期生于苍梧，在交趾过日子，进入当时聚集在交趾的学者群中当儒生。特别受到交趾太守士燮的庇护，深受虞翻之学者的影响；从序传上可推，牟子或许也当过苍梧太守，可是并不确切。只有他在吴孙权太元年间，仍然健在这件事难以加以否定而已。

　　总而言之，所谓的牟子，是在南方交州叫牟融的学者，在三世纪中期所作的。若说到内容，可说主要是论及儒、佛、老三教的优劣，尤其是提倡佛教为最优秀的；而且旧本好像是二卷本，现在的一卷本是所说的略本。

注释：

①《大正藏》第五十五册页八十二下。关于此《法论》在后面时常言及。

②同第五十二册页一上—七上。《弘明集》古来都被人所知是梁僧祐的撰。但是，现在的十四卷本被推定是在他逝后问世的样子，而非原来的样子。可参照拙稿"论弘明集的构成而疑是僧祐的编纂"（《大正大学学报》第二十辑）。此事如在后文所论及的对牟子的形成也有关系。

③收在《梁任公近著》第一辑中，周叔迦教授的《牟子丛残》（社丛书第一集第一种）也有收录。而《牟子丛残》和如后所说的培里欧的精心作品同为研究本书的好著作。只是限于资料只有中国的甚为遗憾。

④见于上面几次引用的"支那的佛教和儒教道教"前篇的第二章第二节之六。在此之前，山内晋卿教授早就收集了称为"关于牟子"（"支那佛教史研究"所收）的丰富资料而公开其卓越的言论。我国日本的《牟子》研究蒙受此之处甚多。

⑤《少室山房笔丛》卷三十二（广雅书局本、七丁左）。《读书脞录》卷六（家刻本、四丁左）。关于这些在后文也提到。

⑥收录在《牟子丛残》中。

⑦ P. Pelliot:《Meou-tseu ou les doutes levés》.（Toung Pao. 1918~1919）《北平图书馆馆刊》卷六第三号冯承钧氏的《牟子考》，除了其序论的注释的译出。另一方面马司帛洛之说也说到伯希和，其"明帝的感梦和遣使"见于《Le songe et lambassade de lempcreur ming, etude critique des sources》.（Bull. de I. Ecole Francaise L'Extreme Orient. 1910）其第二章特别是关于本书的论述。

⑧周氏之说如上述是收录在《牟子丛残》中。胡氏之说是收载在《北平图书馆馆刊》卷五第四号上。

⑨一九三六年十二月的《燕京学报十周年纪念专号》的卷头论文。又拙稿和余氏之论的资料在某场合是有出入的。但是，我很早就从大正末年开始本书的研究，那期间，也多少尝试着发表，如拙稿《关于国师国用国宝的原由》（《山家学报》新第一卷第一号记载）即是。在小论中考说的大部分实际是旧稿的订正与增补。若是像余氏之论屡次地引用《弘决外典抄》，且全然不看在其本文中重要的《摩诃止观辅行传弘决》，而进行讨论，又这样无视佛典的态度，演变出谓"唐宋以前人、亦无以为牟融作者"这样的武断，这特别和小论的见解有很大的不同。

⑩《大正藏》第五十二册页九十二中、三四四上。智静的经历现今很难明白。严可均在《全宋文》卷六十四释宝林的条中注释，智静和《檄太山文》的竺道爽实在都是宝林的别名，上面的文章是他所假托的。其根据虽不明显，但大概是没有错的样子。

⑪同上书，页三十七中、一三六中。

⑫同上书，页九中—十六上、九十五上—九十六中。

⑬同上书，页七九四中。关于此书伯希和（Pelliot）也已提过。

⑭同上书，页四七八下。

⑮《折疑论》将牟子第五章"牟子曰：江海所以异于行潦者。……"，另写为"孟子云……"。原来，牟子之文发觉是从《孟子》的《公孙丑》篇上来着想的。

⑯《大正藏》第五十五册页八十二下。

⑰同上书，页八十二下。《后汉书集解》的《西域传》的注也以本书作为征证。

⑱广雅书局本一〇丁左。较此以前，宋朝吴箕也在常谈（《函海》第七函所收本，二二丁右）上，论到陆澄的终焉是和他的才能不一致的。更且，在伯希和（Pelliot）已出的论文上也论及陆澄的学识。

⑲《大正藏》第五十册页三七四下。

⑳《南齐书》在卷末仔细地论述过这之间的事情。

以臣节之事为中心，又在《蒙求》卷中也使用"可怜石头城，宁为袁粲死，不作彦回生"为题。

㉑见于《二十二史札记》卷八"建业有三城"的条中汇集的说明。

㉒《大正藏》第五十册页三七三下。

㉓同上书，页四六〇下。

㉔同上书，第五十二册页十七下——二十一中。

㉕同上书，第五十一册页一七九上。《历代法宝记》成立的时代是不太明确的。但是，可看到《开元释教录》的名称，且宝应、永泰等年号及最后代宗大历九年（公元七七四年）的时代也可看到，考虑这些事的话，则大概就是在那个时候吧！而不用说敦煌本是较晚出来的了。

㉖关于"法论"的时期，伯希和（Pelliot）在已出的《Meou-tseu ou les doutes levés》，P.266中曾论述到。依照注的话，教授以《夷夏论》的出现年代是从望月博士的《佛教大年表》中所采用来的，这么一来，根本《佛祖统纪》就成了那依据之点了。因而，像于后文也说过的，那依据之点是相当新的，却也相当地令人不放心，在此对于伯希和的慧通伪作说有着所论的缺陷一样，小论在上面故写不举伯希和之说是敢检讨这个问题的理由。

附　录　239

㉗《大正藏》第四十九册页三四六中。

㉘除了常盘博士的指摘之外,在《驳夷夏论》中也发现了一些好像挪用《牟子》字句的地方。参考显示的话,即"若夫颜回,见东野之驭。……"在《牟子》第三十二章中可见到类似的字句。同样地"仆闻老氏,……"在第三十章,"是以蝉蛾不食,……"是在第三十六章,"道迹密而征,……"是在第十二章,都有各各共通之处。

㉙《大正藏》第五十册页三六一上。

㉚郭象的事很有名,却未有说明似的。何法盛的事可见于《日知录》卷十八的"窃书"。又,《晋中兴书》在《唐志》中是八十卷。

㉛《大正藏》第五十二册页八十九中。

㉜关于《晋世杂录》,已在拙著《道教基础的研究》第二篇第三章《老子化胡经》中提过。

㉝《大正藏》第五十五册页五十上。

㉞法句经由支谦译出,参照《出三藏记集》卷十三的《支谦传》(《大正藏》第五十五册页九十七上),严可均在《全三国文》卷七十五的支谦条目中亦注意到此点。

㉟见《出三藏记集》卷一、卷十三。《大正藏》第五十五册页九十六上。

㊱在拙著《道教基础的研究》第二篇第二章太平经

条目中已详细论及。

㊲ Le Songe et Iambassade de Iempereur Ming, etude critique des Sources。（B.E.F.E.O., 1910）. 另在松本文三郎博士的《佛教史论》研究中亦可见到。

㊳ 可参照《牟子的研究补述》。

㊴《大正藏》第五十二册页四七八下。这是伯希和（Pelliot）也言及过的。

㊵ 同上书，第四十六册页二七九上。

㊶ 广雅书局本，七丁左，而如前已说过的，在孙志祖的《读书脞录》卷六中也可见到"两牟融"说之论。

㊷《大正藏》第五十二册页五二〇中。上面的所引因法琳的学识而被信任。

㊸ 同上书，第四十九册页三三一上。关于此点于后文再讨论。

㊹ P. Pelliot: Meou-tseu ou les doutes levés, P.278.

㊺《大正藏》第四十六册页二七九上。在此引用的像逸文的东西在余氏的《牟子理惑论检讨》中也出现过。但是，余氏是从《弘决外典抄》中引用来的。

㊻ 在《辅行传弘决》的很多引文之中，多少是被发现确实其引用的方法被认为是错误的部分。即在卷五之一（页二七九中）所见的"径寸之珠十枚……"用"如

春秋中”来说明的就是。又，在卷五之四（页三〇五中）引用老子“周易云，以至于无损”所说的等等也是。而，我国宝池坊证真在《三大部私记》卷五（《大日本佛教全书》本，页四二五中）也曾指摘过。在卷五之一（页二七九上）“老亦有言，……不能言不能行，国之贼也”，好像原来也是在《荀子·大略篇》上所发表的话。更且，在卷五之六（页三二三上）所说的“《论语》第九有楚狂接舆”，而“第九”则是“第十八”的写误。

㊼《大正藏》第四十六册页三二四下。

㊽同上书，第五十二册页三六四上。

㊾同上书，页三六五上。

㊿同上书，第五十一册页一七九下。

(51)同上书，第四十六册页二七九上。我国传教大师最澄所谓的国师、国用、国宝的思想典故出处即在此。余在二十余年以前，就此公开拙见，那时是以《牟子》为新的而讨论。但是，如今回顾时，有关于《牟子》的限制却是错误的。可参照拙稿《关于国师国用国宝的原由》(《山家学报》新第一卷第一号记载)。

(52)第二十一章，如上屡次说到的以作为佛教东传的资料是很贵重。像《佛祖历代通载》卷五是抄录《牟子》，而用这章及第二十章使之接续第二十二章（大正藏第四十九册页五一一上）。与拙见相同的念常也视为是具有这样的意思。更且，第二十七章的"老子曰：名者身之害，利者行之秽"及"又曰：设诈立权，虚无自贵"之说在现在的《老子》中好像看不到。

㊾《大正藏》第五十册页三四九下、三五〇中。

㊿关于"新论"可在武内义雄博士的《诸子考略》中看到这样的研究。

㉗《大正藏》第五十册页四〇二下。

㉘求日益斋刻本、九丁右。

㉙《大正藏》第三册页一上——五十一下。《历代三宝纪》卷三和《开元释教录》卷十二指出这部经是在太元元年翻译出来的，而被认为是问题的《太子须大挐经》，就在这部经的卷二中。

㉚《籀膏述林》卷六（家刻本、二十二页右）。

㉛既出的胡适教授的《与周叔迦论牟子书》以及周叔迦氏的《牟子丛残》序。

㉜ Maspero: Le songe et Iambassade de Iempereur Ming.（B.E.F.E.O., P.99）.

㉝至于这点，胡适教授的说明并不十分完善。

㉞至于这点，在拙著《道教基础的研究》第一篇第二章《太平道之一中》有考说，而且，希望读者参照第二篇第二章的《太平经》。

㉓万斯同在《三国汉季方镇年表》(开明书局《二十五史补编》卷二所收本,页二五九七下)中,作张津当交州刺史是从建安五年至十年,这与拙见差不多,但是,这并非指他所依据的事而言。关于这件事的原委,已如上述,在第一篇第二章的一及第四章的一中都曾提及。

㉔参照既出之《与周叔迦论牟子书》。

㉕收于《观古堂所著书》第一集,关于刘熙,《经训堂丛书》之《释名疏证》序可为参考。

㉖从《吴志》卷二之《孙策传》可察知,参照《资治通鉴考异》卷三。

㉗《通典》上记述,张津及士燮请求改刺史之名而为州牧,从别的资料引证而来的。

㉘关于此点,详论于拙著《道教基础的研究》第一篇第四章《原始道教及佛教》。

㉙参照已引用过的,叶德辉《辑孟子刘熙注》之《刘熙事迹考》及《经训堂丛书》之《释名疏证》序。

㉚上述时常引用 P. Pelliot: Meou-tseu ou les doutes leves, P.257。

㉛《大正藏》第五十五册页九十六中。关于康僧会入建业之年,说法甚多不同。在此省略论证,而他的行迹,在读此文之处所见的,由于荒诞的事而往往被人所

轻视，但这些或许是入建业之后的灵验谭所增加的。但因此而完全否定掉其所有的经验，是不应该的。

⑫同上书，第五十册页三二五上。和《出三藏记集》比较起来，《支谦传》乃是被穿插进去的。

⑬同上书，第四十九册页五十六下。

⑭同上书，页七十四上。但是，在《魏世录目》中的交州是令人意外的，故而这可能是在《吴世录目》中的错误。关于此，费长房也早有怀疑。有关《魏世录目》，拙见曾述及，可参照《道教基础的研究》第二篇的第三章《老子化胡经》之三。

⑮同上书，第五十五册页四九一中。

⑯士燮殁后，孙权推陈时为交趾太守，被士燮之子徽所阻止。这可从《士燮传》中得知，而从吴邈成为交趾太守的事实来推测，他应是在陈时被拒绝之后出来的。

⑰《道教基础的研究》第一篇第四章《汉末三国的交州之一中》曾提及。

⑱《大正藏》第五十四册页二一七中。亦可参照前注。

⑲同上书，页二一〇下。已经引用过。

⑳同上书，第二十四册页九〇〇下、九二五下。

㉑在《道教基础的研究》第一篇第二章《太平经之一》及第四章《原始道教和佛教之二》中已详论过。

附 录 245

㉒参照《手边的广策》卷十一交趾郡条等。

㉓道藏太平部（公元七八〇年）《三洞珠囊》卷一、一八丁左。至于这一点在拙著《道教基础的研究》第一篇的第二章《太平道之一》亦有考证。

㉔认为《法句经》是支谦所译的。参照《出三藏记集》卷十三的《支谦传》(大正五十五·页九十七下)。注意严可均在《全三国文》卷七十五支谦条列之中。

㉕《大正藏》第五十五册页五〇上。

㉖同上书，第四十九册页三三一上。

㉗《观堂集林》卷四（遗书本、二〇丁左）。

㉘在拙著《道教基础的研究》第一篇第一章《五斗米道之一》中亦有考说。而且《弘决外典抄》把牟融写成牟广。如果广是牟子的本名的话，那么从字义上反而符合现在的子博。也就是说：目前的论说非常有利，可是由于此例证未见于他处，且由现存之《外典抄》之性质来推测，很可能是笔误。虽说是弥足珍贵之史料，也只得割舍了。

参考书目

1.《史记》 汉·司马迁撰

2.《后汉书》 刘宋·范晔撰

3.《隋书·经籍志》 唐·魏征撰

4.《道德经》 四部备要本

5.《论语》 中华书局一九七四年版

6.《孝经》 四部备要本

7.《孟子》 中华书局一九五四年版

8.《四十二章经》 后汉·迦叶摩腾 竺法兰译《频伽精舍大藏经》藏五

9.《弘明集》卷一 梁·僧祐编 四部丛刊影印本

10.《沙门不敬王者论》 东晋·慧远著 石峻等编

11.《中国佛教思想资料选编》 中华书局一九八一年版

12.《沙门袒服论》 同上

13.《三报论》 同上

14.《驳顾道士夷夏论》 南朝·慧通著 《弘明集》卷七

15.《平津馆丛书》甲部 清·孙星衍编

16.《中国佛教研究史》 梁启超著 上海三联书店一九八八年版

17.《牟子丛残》 周叔迦著

18.《汉魏两晋南北朝佛教史》 汤用彤著 中华书局一九八三年版

19.《中国佛学源流略讲》 吕澂著 中华书局一九七九年版

20.《汉唐佛教思想论集》 任继愈著 人民出版社一九八一年版

21.《中国佛教与传统文化》 方立天著 上海人民出版社一九八八年版

22.《汉魏两晋南北朝佛教》 郭朋著 齐鲁书社一九八六年版

23.《佛道诗禅》 赖永海著 中国青年出版社一九九〇年版 台湾佛光出版社一九九二年版

24.《佛学与儒学》 赖永海著 浙江人民出版社一九九二年版

25.《中国佛教史》 蒋维乔著 上海书店一九八九年版

26.《中国佛教思想资料选编》第一卷 石峻等编 中华书局一九八一年版

27.《中国佛教史籍概论》 陈垣撰 中华书局一九六二年版

28.《佛教历史百问》 业露华著 中国建设出版社一九八九年版 台湾佛光出版社 一九九二年版

29.《老子新译》 任继愈译著 上海古籍出版社一九八五年版

30.《论语译注》 杨伯峻译注 中华书局一九八〇年版

31.《中国通史简编》第二编 范文澜著 人民出版社一九六四年版

32.《中国哲学史》第二册 任继愈主编 人民出版社一九七九年版

出版后记

星云大师说："我童年出家的栖霞寺里面，有一座庄严的藏经楼，楼上收藏佛经，楼下是法堂，平常如同圣地一般，戒备森严，不准亲近一步。后来好不容易有机缘进到藏经楼，见到那些经书，大都是木刻本，既没有分段也没有标点，有如天书，当然我是看不懂的。"大师忧心《大藏经》卷帙浩繁，又藏于深山宝刹，平常百姓只能望藏兴叹；藏海无边，文辞古朴，亦让人望文却步。在大师倡导主持下，集合两岸近百位学者，经五年之努力，终于编修了这部多层次、多角度、全面反映佛教文化的白话精华大藏经——《中国佛教经典宝藏》，将佛教深睿的奥义妙法通俗地再现今世，为现代人提供学佛求法的方便途径。

完整地引进《中国佛教经典宝藏》是我们的夙愿，

三年来，我们组织了简体字版的编审委员会，编订了详细精当的《编辑手册》，吸收了近二十年来佛学研究的新成果，对整套丛书重新编审编校。需要说明的是此次出版将丛书名更改为《中国佛学经典宝藏》。

佛曰：一旦起心动念，也就有了因果。三年的不懈努力，终于功德圆满。一百三十二册，精校精勘，美轮美奂。翰墨书香，融入经藏智慧；典雅庄严，裹沁着玄妙法门。我们相信，大师与经藏的智慧一定能普应于世，济助众生。

东方出版社